あなたのメールは、なぜ相手を怒らせるのか?

仕事ができる人の文章術

中川路亜紀

光文社新書

はじめに

この本を手にとってくださった皆さんは、一日に何本のメールを書いていますか？

そして、そのメールを書く時間はどれくらいでしょうか？

短い時間で書くことができる場合もあるでしょう。でも、たった一本のメールを書くことに、とても苦労した経験は誰もがお持ちだと思います。

「こういうことを書いたら、相手が怒るのではないか」

「すでに怒らせてしまった相手に、どのような文章を書けばいいのか」

「会いに行くアポイントがなかなか取れない」

「普通のメールを書いているつもりなのに、よく相手に誤解されてしまう」

「どういうメールを書けばいいのか考えすぎて、いつもクタクタに疲れてしまう」

そんな悩みをお持ちの方、まずは本書の第1章を開いてみてください。

私は、メールやビジネス文書などコミュニケーション関連の書籍を多数執筆しています。そして、そのかたわらで市民グループを運営したり、大学講師を務めたり、各種研究会活動に参加したりと、マルチタスクな生活を送っています。一日数十本のメールを受け取る「メールのヘビーユーザー」であり、SNSやチャットも各種活用しています。

私自身「メールを使っているのか、メールに使われているのか」とつぶやくほどメールと格闘する日々を送りながら、さまざまな失敗を経験してきました。また時折、人間関係が複雑になる局面に遭遇し、人々の感覚は傷つきやすく繊細になっているかもしれないと感じることもあります。そんな状況を見ていると、「メールを書くことの難しさ」は一層増しているかもしれないと思います。

私が新入社員だった頃、メールはまだなく、連絡はすべて電話か文書の郵送でした。何か依頼ごとがあるときは、電話でアポイントをとり、資料や依頼状を持って会いにいきました。書類などを届けたいときは郵便で送るため、速達にしても最低2日間は集配のための期間を見込む必要がありました。仕事の段取りは長いスパンでゆとりをもって考える必要があり、その点は、今よりもストレスが少なかったかもしれません。当時、電話のかけ方、文書の書き方、訪問マナーが、まず新入社員に教えられる重要なビジネススキルでした。今、そのときの仕事の感覚を思い出そうとしても思い出せません。インターネットの普及によって情報が瞬時に動かせるようになり、仕事のやり方が大きく変わってしまったからです。

2000年前後からメールの普及は著《いちじる》しくなり、いつの間にかメールがメインの連絡方法になりました。便利になった分、仕事の回転は早くなりました。社会全体が画期的に効率化し、短いサイクルで仕事が進められるようになったのです。さらに、メールで気軽に連絡できるようになった結果、コミュニケーションそのものが活性化しました。

交換されるメールの本数が増加したことで、メールを読む時間、書く時間がどんどん膨《ふく》らんできました。一日の中でメール処理に費やす時間は無視できないものになっています。今、メール仕事をいかにスムーズに、気持ちよくこなせるかが、私たちの職業生活と精神生活の両面から大きな課題になっていると思います。

本書は、「メール仕事を快適にする」をメインテーマに掲げています。それは「相手が気持ちよく読めるメールを書く」ことと、「自分が気持ちよくラクにメールを書ける」ことが両立するメールの書き方をめざすということです。

第1章から第3章までは、「気持ちのいいメール」を書くための基本的な心得、知っておくべきマナー、ルール、メール処理をラクにする工夫などを取り上げています。

創生期からメールの使われ方の変遷を見てきた私にとって、メールマナーは固定的なものではなく、世の中の潮流や技術の進歩によっても変化するものです。ここでは、私自身がさまざまな分野の人たちとメール交換をする中で見定めている、現時点での標準ラインを示していますが、それも徐々に変化する可能性があります。

メールマナーには、変化しない部分もあります。信頼関係を深めるために、相手に敬意を払い、さまざまな配慮をするという基本姿勢の部分です。この基本姿勢を忘れているとどうなるか、具体的なストーリーを題材にして考えています。

第4章から第11章までは、大事な局面のメールをどう書くかを、場面別に取り上げています。それぞれの場面での自分と相手との関係をどうとらえるべきかという本質的な問題を掘り下げた上で、メールでの表現方法を提示しました。

なお、これらの章には、章末に〈「あなたの本音」をメールで表現する文例集〉というコーナーを設け、心のつぶやきをメール表現に言い換えるフレーズを紹介しています。

どの章も、文例や言い回しの例を豊富に含んでいますので、メール作成時に参照することができますが、表現方法の引き出しを増やすだけでは悩みは解消しません。本書は、それらの表現を活かすために必要な考え方、状況判断を学ぶことにも力を入れています。

これらの考え方は、メールの書き方の問題にとどまらず、人づきあいが苦手、話すのが苦手という人の問題解決にも役立つはずです。

メールを扱う一人一人が、メール技術を向上させ、効率化させ、かつ「気持ちのいいメール」を書く術を身につけることで、社会全体のストレスや働きすぎを減らせるのではないかと思っています。

中川路亜紀

目次

第3章　「戦略的に書く」ための応用ルール　57

第10章 あなたのメールが、人と人をつなぐ

図表作成／宮城谷彰浩（キンダイ）

第1章——「感じのいいメール」は想像力から生まれる

ほどよくていねいで、しかも端的にまとまっているメールを読むと気持ちがいいものです。言いにくい内容なのにさらりと嫌味がない書き方がされているメール、こちらの事情を汲《く》んだこまやかな心づかいのあるメールなどに出会うと、「よく考えてくれているな」とうれしい気持ちになります。

反対に、配慮のないメールによって余計な仕事を増やされてしまったときなどは、「この人は私のことを考えてくれているのだろうか」と、うらめしくなることもあるでしょう。

実は、そこには「想像力の働かせ方」の違いがあります。

ここでいう「想像力」とは、メール画面に並ぶ言葉の向こう側を想像する力です。自分が送るメールによって相手にどんな仕事が発生するか、そこでは何が必要になるか、相手の負担はどの程度か、相手からきたメールで求められていることは何か、相手はどんな気持ちで書いているか、などなど。事務的なことから気持ちの部分まで想像をたくましくすることで、あなたのメールの書き方は変わるはずです。

相手への「想像力」は人づきあい全般に欠かせないことですが、無表情な活字でのコミュニケーションになるメールの場合、特に重要です。

想像力の訓練も兼ねて、あなたを主人公にしたストーリーを読んで考えてみてください。

電話、対面との違いを考えてみる

あなたが朝一番にパソコンを立ち上げると、先々週に打ち合わせをしたA社の鈴木さんからメールがきていました。メールには、挨拶のあと、

先般の打ち合わせの折、送っていただけるということだった嗜好調査の資料がまだ届いておりません。

と書いてありました。

「しまった！　忘れていた」

打ち合わせからもう2週間近くもたっています。メールには、「お忙しいところ申し訳ありませんが、お送りくださいますようお願い致します」と続けられていましたが、鈴木さんの舌打ちが聞こえるような気がして、朝からいやな汗をかいたのでした。

しかし、鈴木さんはそんなに怒っていたのでしょうか。

もしかして、電話ならこんな感じだったかもしれません。

「A社の鈴木です」

「どうも。先日は打ち合わせをありがとうございました」

二人は朝一番の歯切れのいい挨拶をかわします。

「こちらこそ。実は、あのとき送ってくださるということだった例の資料なんですが……」

と鈴木さんは遠慮がちに言います。

「あ。申し訳ありません！　失念しておりました。いますぐメールでお送りします」

「申し訳ありません。お手数をおかけしますが、よろしくお願い致します」

こうして、互いに恐縮しながら電話を切りました。


鈴木さんと直接会っていたら、こんな感じだったかもしれません。

「この間はありがとうございました」

「どうも。こちらこそ」

二人は笑顔で挨拶をかわし、そこで開かれている展示会のことを話題にします。

「あ、そういえば……先日、嗜好調査の資料があるとおっしゃってましたよね」

鈴木さんはふと思い出したかのように切り出します。

「あ！　忘れておりました。たいへん失礼しました。社に戻りましたらすぐにお送りします」

「お手数をおかけしますが、よろしくお願いします」

と、お互いに頭を下げ合いました。

書き言葉には「表情」がないことを知る

メールとは、何が違うでしょう。

第一に、顔が見えることです。電話も声が聞こえます。鈴木さんの明るい応答や遠慮がちな話し振りで、いら立ってはいないことが伝わります。また、あなたの表情や声にも、「しまった！　申し訳ない」という気持ちが表現されていたことでしょう。

第二に、短い双方向のやりとりになっていること。相手の言葉にすぐに反応できるので、お互いに空気を読みながらやりとりができます。

このような、表情や体の動き、声のトーンなどによって伝え合うコミュニケーションを、ノンバーバルコミュニケーションと言います。バーバルとは「言語の」という意味で、ノンバーバルとは「非言語の」という意味になります。

実は、コミュニケーションをとろうとするとき、私たちは言葉の意味以外の情報から判断している部分が意外に大きいことがわかっています。アメリカの心理学者アルバート・メラビアンは、コミュニケーションの際、メッセージを受け止める側は、表情や口調といった見えるもの、聞こえるもので９割がたを判断し、実際の意味や内容は１割程度しか影響しないという実験結果を発表しました。

これを拡大解釈して、「見た目が大事」とか、「言葉よりもしぐさでアピールする」といったテクニックの話にしているビジネスセミナーもありますが、メラビアンは、そこまでは言っていません。迷うような状況のもとでは、人間は視覚情報や聴覚情報をより頼りにしているということを明らかにしたにすぎません。しかし、何かを伝えるとき、直接話すのと書いて伝えるのでは情報量に大きな違いがあるということは、認識する必要がありそうです。

メールは、完全なバーバルコミュニケーションです。特に活字で書かれた言葉には表情がありません。手書きの文字はまだ、ていねいに書いてあるとか、粗雑に書いてあるとか、文字から人柄が感じられたりする部分もありますが、メールの文字は、どんな人がどんな気持ちで書いても、同じように見えます。

相手へのインパクトを考えてメールを書く

さて、あなたと鈴木さんの話に戻りましょう。

鈴木さんとあなたが、一度打ち合わせをしたけれどもまだ打ち解けた関係ではなかったとします。その場合、あなたは鈴木さんの気持ちを、メールの文章や言葉づかいから推《お》し量《はか》ろうとするでしょう。特に、自分の落ち度を指摘された内容であれば、必要以上に「責められた」気持ちになってしまうかもしれません。

つまり、微妙なことを伝えるときのメールは、言葉によく気をつけないと、思わぬ誤解を招《まね》く場合があるということです。

そう考えると、鈴木さんのこのメールは、もう少し工夫の余地がありそうです。左の文例①のようにすると、だいぶ印象が変わります。

文例では、鈴木さんはあなたが忘れていることにはふれていませんが、あなたは「しまった！」と気づくはずです。でも、最初のように指摘されるよりは、ずっと気持ちよくメールを読めるでしょう。返信には「お送りするとお約束しましたのに、申し訳ありませんでした」と書きましょう。

メール文例①

○○商事
山田様

A社の鈴木です。
お世話になっております。
先日は、打ち合わせにご来訪いただき、
ありがとうございました。

実は、打ち合わせの際にお聞きした嗜好調査の
実際の数字をぜひ拝見したいと思っております。
メールでお送りいただくことは可能でしょうか。

お忙しいところお手数をおかけしますが、
なにとぞよろしくお願いいたします。

「やりとりする回数を減らす」という思いやりを持つ

メールは、見えない相手に、こちらの伝えたいことをとりあえず一方的に送る形になります。メールを受け取った相手が、何をしているか、どんな気持ちでいるか、わかりません。

そのとき、画面の向こうにいる相手のことを想像して、相手のための心づかいをできるかどうかで、メールの印象はずいぶん違ってきます。

こんなことはありませんか？

あなたは、得意先B社が開催するイベントの広報をサポートしています。

ある日、つきあいのあるC店でイベントのチラシを配布してもらえる話がまとまり、早速メールでB社の山本さんに伝えたのでした。山本さんもとても喜んでくれ、何部くらい送ってもよいか先方に部数を聞いてほしいと返信してきました。

あなたはC店と連絡をとりあい、1週間ほどして、山本さんに、

５００部は配布できるということです。お手数ですが、先日お伝えしたC店の住所宛にチラシをお送りください。

と返信しました。

さて、こちらはB社の山本さんです。あなたとは別件でもメールのやりとりがあり、チラシのことは忘れそうになっていました。ちょうど出張に出かけようとしていたとき、あなたのメールが届きました。

「え？　送り先は前のメールに書いたって？　どれかな。件名はずっと同じだし。おいおい。出張の前で時間ないのに……」

山本さんは、あなたの気の利《き》かなさに少しイライラしています。

送り先の住所を書く手間を惜しんだ分、相手に負担がかかってしまいました。

何かをお願いするようなメールを書くときには、「これを読んだら相手は次に何をするか」、つまり画面の向こう側にまで想像力を働かせる必要があります。この場合なら、山本さんはチラシを必要部数そろえて梱包し、伝票に住所を書いて発送するでしょう。ひょっとしたら誰かにその仕事を頼むかもしれません。とすれば、何を、いくつ、どこへ（住所＋担当者名も）という情報を１通のメールの中にまとめて書いてあげたほうが助かります。

もっと言えば、送る部数を山本さんに言われてC店に聞いているのも間が抜けています。

全部を1通で知らせることができれば、山本さんがメールを書く回数を1回減らせたかもしれません。

相手の手間を減らすことは、自分の手間を減らすことにもつながります。つまり、メールのラクワザです。そんなラクワザに長《た》けている人は、周囲から「この人はいつも要領がよくて助かる」と思われる人なのです。

ささやかな心づかいで唸らせる

たとえば、こんな些細《ささい》なことでもうれしいものです。

あなたは朝一番の出先での仕事を片付けて、その足で県庁でのプレゼンテーションに向かおうとしています。ふと、県庁からの通知文書をプリントアウトしてこなかったことに気がつきました。県庁は広いので、庁舎名と会議室名がないと迷ってしまいます。

「役所の通知はたいていパスワード付きの添付ファイルなんだよなあ」

スマホで添付ファイルを開けないかもしれないという不安を感じながらメールを検索すると、日時と会場の箇条書きがすぐに目に飛び込んできました。添付ファイルに記入されている内容の中から、日時・場所の情報のみがメール本文に書き出してあったのです。

しかも、エレベーターの場所についてもわかりやすい案内が書き添えてありました。役所仕事の制約がある中で、こちらの行動を予測して、不便のないようにメールを書いた担当者の親切さが感じられて、あなたはほっこりしたのでした。

画面の向こう側にいる「あの人」を想像して書く

ここまでの事例からも、「気持ちのいいメール」を書くためには、「画面の向こう側を想像する力」が必要であることがわかります。

たとえば、画面の向こう側の相手を想像して考えるべきことには、こんなことがあります。

・相手はいつこのメールを開くか（メールで間に合うことなのか）。
・このメールを受け取ったら、相手は何をしようとするか。
・そのために相手に必要な情報はそろっているか（何を、いつ、どこで、誰に、誰が）。
・件名は検索しやすい言葉になっているか
・期限はあったほうがよいかどうか（多忙な人は仕事の優先順位が重要）。
・出先で対応することはないか（スマホで開けない添付ファイルをつけると困るかも）。

・相手がわかる言葉になっているか（略語、社内用語などに注意）。
・相手が上司にメールを転送しても、差し支えないの内容になっているか。会社のＰＣで開きたくない内容が含まれていないか（お酒の席で話したプライベートな話など）。

想像力を広げれば、もっといろんなことがあるはずです。

簡潔さも礼儀のうちである

かつてパソコンのスペックが低く、通信速度の遅かった時代には、長いメールは容量が大きくなるので迷惑だと考えられていました。今は、長文メールでも容量で問題になることはありません。むしろ、メールを読む時間のほうが問題になるでしょう。

メールは、仕事を生み出す機械です。メールを開くと、確認したり、調べたり、相談したり、手帳に記入したり、手配をしたり、さまざまな作業が生まれます。その時間はバカになりません。メール仕事の効率化は、誰もがかかえる課題です。

とすれば、メールを簡潔にすることは、もはや礼儀の一部であるということができます。

それも、読みやすく、わかりやすいメールでなければなりません。読んでも要点がわからず何度も読み直してしまうようなメールは、相手の時間を浪費させます。

ここまで、相手の状況に想像力を働かすことの重要性を書いてきましたが、お伝えしたいのはただ単にていねいさとか、敬語に気をつけるだけで「気持ちのいいメール」が書けるわけではないということです。


本章の前半であなたと鈴木さんの仮想ストーリーを検討したように、メールとは便利なようで不便なところもあるツールです。

電話や対面での会話よりも気持ちや強弱のニュアンスなどが伝わりにくく、チャットに比べると双方向性や即時性が劣《おと》るという弱点もあります。

しかし、ほぼ誰もが使えるという互換性、必要なことをきちんと書ける文書としての特性、メールソフトの検索機能でさまざまな交信を一括管理できる効率のよさなどの点から、仕事のコミュニケーションツールとして今も最強の座にあることは間違いありません。

本章で考えてきたような、心配りが利いていて、かつ読みやすく簡潔なメールはどうしたら書けるのか、次章以降で具体的に示していきます。

【第1章のまとめ】

① 書き言葉の情報量は、話し言葉よりも少ない。
② 相手へのインパクトやその後の行動まで想像してメールを書く。
③ メールの回数を減らす書き方を考える。
④ ささやかな心づかいが心証を変える。
⑤ 簡潔さも礼儀のうち。

第2章

「書くのがラクになる」基本ルール

業務にSlackなどのチャットを利用する会社も増えてきました。

チャットは宛名や署名が不要で、「お願いします！」「了解です！」の一言ですむからラクだという人も多いでしょう。たしかにそのとおりなのですが、たくさんのプロジェクトをかかえている人にとっては、やりとり自体が錯綜《さくそう》し、記録や情報管理の面で不便なことも出てきます。これからはそれぞれの特性を活かした使い分けがされていくのだと思います。

ところで、最近はチャットの習慣がメールにも波及してきたことを感じています。件名がないメールがきたり、用件が変わっても件名を変えないで送ってくる人が増えたり、短いメールを小分けで送る人がいたりという現象です。こういったことは、大量のメールを受け取る立場からは、あまりうれしくないことです。もちろん、メールでもチャットのように簡単な書き方ですむときは、そうしたほうがいいこともあります（そのことは次章でふれます）。

いずれにしても、メールを使うのであれば、一定の様式を踏んだほうが、書くのがラクになり、相手も対応がしやすいということを押さえておく必要があります。逆に、基本ルールを無視していると、相手に余計な手間をかけたり、不快感を与えたりする場合もあります。

この第2章では、安心してメールを書けるように、件名、宛名、挨拶、締めの言葉、署名など、それぞれについて、基本ルールを復習し、その必要性について考えてみます。

件名は相手の受信箱を想像してつける

最近、特におざなりになってきているのが、件名です。

適切な件名をつける必要性は、次のような点にあります。

① メールの内容は開かないと読めないので、件名だけで用件がわかる必要がある。

② 返信が Re ＋件名で表示され、特定の用件についてのやりとりをスレッド化して見ることができる。

③ メール検索のときの重要な手がかりになる。

メールでの依頼、アポイント、確認依頼、相談など、メールでのやりとりが多い人は、メールを検索する回数も多いでしょう。メールソフトやブラウザが進化して、本文に書かれている単語まで検索できるようになり便利にはなっていますが、記憶が曖昧《あいまい》な場合は、差出人、件名、本文など項目を変えて検索しなくては見つからない場合もあります。

というわけで、これまでＬＩＮＥしか使ったことがなくて社会人になった人々にもメールに件名をつける習慣はもってほしいと思っています。件名は、相手の受信箱の中であなたのメールが迷子になってしまわないための目印なのです。

件名のつけ方にもコツがあります。内容をわかりやすく表していることが重要であることは言うまでもありませんが、相手の受信箱に入った状態を想像してつけるという工夫も必要です。たとえば、相手が原稿執筆を本業とする人であれば、

青葉1月号ご寄稿のお願い（朝夕出版）

とするとわかりやすいでしょう。その人の受信箱の中は「原稿のお願い」だらけですから、件名を「原稿のお願い」とするのがナンセンスであることはわかりますね。逆に、出版社の編集者宛であれば、

青葉1月号原稿（鈴木）

とすると、文句なしの件名になります。これを、「次号の原稿」とされても、編集者の受信箱の中は「次号の原稿です」「原稿をお送りします」など似たような件名だらけのはずです。

たまに、「ありがとうございます」「おひさしぶりです」などの件名のメールを受け取ることがあります。大事な用件でなければ別にかまわないのですが、すぐに開いてほしい内容が含まれているのであれば、もう少し具体的な件名にしたほうがよいでしょう。

特別な内容が含まれていることを注意喚起したい場合には、たとえば、次ページのように件名の冒頭や末尾にカッコ書きをつけるのもよいでしょう。

②の「〇〇シンポジウム進行案」をバージョンアップさせていく場合を見てもわかるように、同じ案件が続く限り、件名は同じものを保持し、必要があれば、このように後ろにつけるカッコ書きを変えていきます。成案が添付されたメールには（決定）とか（最終版）とつけると、あとで探しやすいでしょう。

また、やりとりしているテーマが変わった場合は、件名も変更します。話題を変えた瞬間に切り替えておかないと、あとで大事な情報が行方不明になる原因になります。

受信箱の中では、長い件名が省略して表示される場合があるので、なるべく短く、大事な

件名の工夫

①件名の頭に目印をつける工夫

【至急】明日の企画会議の会議室が変更になりました
▶意味「至急のご連絡です！すぐに確認してください」

【要返信】第2回販売会議の日程調整
▶意味「必ず返信ください！」

【訂正】第2回販売会議のお知らせ
▶意味「さきほどのメールに間違いがありました！」

【ご案内】春の○○展示会を開催します
▶意味「お返事不要のご案内です」

【ご報告】○○学会で研究発表を行いました
▶意味「お返事不要のご報告です」

【○○研究会】5月の例会について
▶必ず同じヘッドをつけておけば、グループの連絡を見返したいときに便利。

②件名の末尾に目印をつける工夫

8月3日出席します（山田）
▶件名に名前を入れると集約する人は助かる。

○○シンポジウム進行案（たたき台）
RE:○○シンポジウム進行案（ver.2）
RE:○○シンポジウム進行案（決定）
▶メールで相談しながら案を改訂していく場合。

ワードは前方にくるようにすることも大切です。

宛名は「様」、本文は「さん」でもよい

メールが始まったばかりの時代は、とにかくメールを短く、軽くすることが求められました。そのため、本文欄に宛名を書く習慣もありませんでした。しかし、今は仕事のメールであれば、たいてい「鈴木様」などと苗字に「様」をつけた形の宛名を書きます。少しカジュアルに「さま」とひらがなにすることも増えてきました。

一方、初めての人に書くといったかしこまったメールの場合は、会社名、肩書き、氏名まで書きます。氏名につける敬称はもちろん「様」です。「〇〇株式会社」「営業部長」「鈴木太郎様」をすべて改行して書くと、重々しく格式張ったメールにすることができます。

最近、本文の冒頭に「鈴木様」と宛名を書いた場合、本文中でその人の名前を呼びたい場合はどうしたらいいのか、という相談を受けることがありました。普段は「鈴木さん」と呼んでいるのに、メールで「鈴木様」というのは違和感があります。では、宛名のほうを「鈴木さん」にしてしまえば、本文中の「鈴木さん」と統一できてよいのではないかという人もいるでしょう。

本文欄に宛名を書くのがマナーになってから、きっとみんな悩んできたのだろうと思います。私は宛名を「鈴木さん」にするのは変だと思います。なぜなら、本文冒頭に書く「鈴木様」は、必要性からではなく、相手に敬意を表す、つまり儀礼的な意味合いもあって書くものだからです。封筒の宛名書きに「さん」を使わないように、冒頭の宛名に「さん」を使うのは、やはり違和感があるのです。宛名を「鈴木さん」と書くくらいなら、宛名なしでもよいのではないでしょうか。いきなり「山田です。お世話になっております」で始めるのです。

でもやっぱり、宛名を書きたいというときはどうしたらいいでしょう。

私の場合は、なるべく相手の名前を呼ばなくてすむような文面にします。メールは一人に向けて書いているので、たいていの場合、名前を呼ばない書き方にすることは可能です。本文の内容が複雑で、相手の名前を呼ばないとわからなくなってしまう場合は、思い切って「様」で呼んでしまうのもよいでしょう。ふだん口頭では「鈴木さん」と呼んでいても、メールでは「鈴木様」と呼んでしまうということです。あるいは、宛名では「鈴木様」だけど、本文中では「鈴木さん」と呼んでしまってもよいと思います。少し違和感があっても、本文冒頭の宛名が「鈴木さん」になっている違和感よりも軽いと思います。

これには絶対的なルールはないので、最終的には好みの問題になってしまうでしょう。

「お世話になっております」で挨拶は割り切る

仕事メールの挨拶は、何か特別なことがない限り、「お世話になっております」でよいと思います。割り切って「紋切り型」でいきましょう。

挨拶なしでいきなり用件というのは、殺伐としてしまいます。「同じ相手に今日3回目のメール」ということなら挨拶を割愛してもよいのですが、通常の場合は、用件に入る前のワンクッションで、「お世話になっております」くらいは入れておきたいところです。

返信の場合は、「ご返信ありがとうございました」「ご連絡ありがとうございました」などの言葉が挨拶代わりになります。

もちろん、ゆとりがある人は趣《おもむき》の違う挨拶を考えるのも悪くないと思います。

たとえば、天気の話。メールの空気が変わって、相手との距離が縮まるきっかけになる場合もあるでしょう。

すごい雨ですね。各線遅れていたようですが、大丈夫でしたか。

- 今日は猛暑日になるそうです。朝から汗だくです。
- ようやく過ごしやすい季節になってきました。
- 年の瀬も近づき、お忙しい日々をお過ごしかと思います。

日本の手紙の伝統的習慣として、「時候《じこう》の挨拶」といって、本文の冒頭に季節の言葉を入れた挨拶を書くということが行われてきました。「落ち葉舞い散るころとなりましたが、お変わりありませんか」「春暖《しゅんだん》の候《こう》、ますますご健勝《けんしょう》のこととお慶《よろ》び申し上げます」などなど。久しぶりの相手にメールを出すのであれば、そんな季節の挨拶を書くのも奥ゆかしいかもしれません。

- いつの間にか、夏本番になりました。ご無沙汰しております。
- 寒さ厳しい日が続きますが、お変わりありませんか。

仕事メールでこんな挨拶を入れたときは、「さて、以前にお願いしておりました件ですが」という具合に、「さて」を入れて話題転換をします。

ところで、あとの章で取り上げますが、重大な連絡や緊急連絡、お悔《く》やみのメールなどには挨拶は入れません。これは、郵送の手紙の場合も同じです。

「返信不要」を伝える魔法のフレーズがある

本文で用件を書いた後、最後に書くのは「どうぞよろしくお願い致します」などの締めの言葉です。仕事メールは、ほぼこの「よろしくお願い致します」で終わる場合が多いのですが、必要に応じて、その前後に言葉を補って念を押したりします。

- それでは、お返事をお待ちしております。なにとぞよろしくお願い致します。
- お忙しいところ誠に恐縮ではございますが、どうぞよろしくお願い申し上げます。

ご多忙のところご面倒をおかけしますが、ご検討いただきますようお願い致します。

などなど、いろいろな言葉を組み合わせて書くことができます。

さて、右の例はどれも、これからまだやりとりが続くことを想定している締めの言葉です。

一方で、仕事が一件落着して、お礼のメールを送る場合はどうでしょう。

次のページの文例②をご覧ください。

なかなか気持ちがこもったお礼のメールです。

さて、これを受け取った本間さんはどうするか。

仕事のメールのやりとりは、依頼者側のお礼のメールで終わるのが普通です。ということは、本間さんが山田さんのメールに返信しなくても失礼ではありません。

でも、本間さんは「ここまで言ってもらったのだから、自分も一言お礼の言葉を返しておこう」と考え、山田さんに返信することにしました。

そこで迷ってしまうのが、その返信を受け取った山田さんです。返信をしたほうがいいのか、しなくてもいいのか。

メール文例②

本間様

○○社の山田です。
昨日は、ありがとうございました。

お天気にも恵まれ、
一時は入り口に長い列ができてしまうほどの
盛況ぶりでした。

おかげさまで素晴らしい内容で開催することができました。
全般にわたり、さまざまなアイデアをいただき、
チームを盛り上げていただきましたことに、
心より感謝しております。

また次の機会にもご協力をいただけましたらうれしく存じます。
今後ともどうぞよろしくお願い致します。

最近、このように迷う人がふえています。特にルールはありませんが、基本的には、依頼者側のメールで終わる、あるいは目下の側のメールで終わるというのが自然ですが、そうならない場合もあります。最後のつもりのメールに、目上の人からていねいな返事がきたときは、もう一度、感謝の気持ちをこめてメールを返信したほうが落ち着きます。相手が書いてくれたことに答えて、

ていねいなお返事をいただき、ありがとうございました。あたたかいお言葉に、心から感謝しております。これにこりず、今後ともご指導ご鞭撻をいただきますよう、お願い申し上げます。

などの文面が考えられます。

ほかに、締めの言葉で「返信は不要ですよ」というサインを出す書き方を考えてみましょう。

またお目にかかれる日を楽しみにしております。

✈ またご連絡させていただきます。

✈ 何かございましたら、いつでもご連絡ください。

短いインターバルをおきたいときも、こんな締めの言葉があります。

✈ それでは、当日よろしくお願い致します。

✈ また詳細がわかりましたら、ご連絡致します。

迷ってしまうときは、もしもこれに返信しなかったら相手は失礼だと思うだろうか、もしもこれに返信したら相手はまた返信しなくてはならないと思ってかえって手間をかけさせるのではないだろうかなど、相手の立場に立って考えてみてください。

署名は「名刺」であると心得る

件名同様、チャットの普及とともにおざなりになっているもう一つの必需品が署名です。署名は、メールソフトに登録すれば自動的に入れられるのに、末尾に名前だけ打ってくる人がふえています。スマホやタブレットで署名を登録せずにメールを作成しているのかもしれません。

私の場合、仕事の連絡がほぼメールになったときから、メールの署名を名刺代わりに活用しています。メールを検索すれば、住所も電話番号もわかるようになって、名刺の整理を怠《おこた》っていても困らなくなりました。ところが、この油断のために手痛い目にあうことがあります。

メールに、署名が入っていないのです。

電話をかけたいのに電話番号がわからない、郵送したいのに住所がわからないという事態になって、名刺の山と格闘する。これはなかなかのストレスです。メールに「請求書を送ってください」と書いてあるのに、本文にも署名にも住所がないと、正直「不親切だなあ」と思ってしまいます（最近は、名刺をスキャンして整理できるサービスもあるので、私のような人間は、そちらを利用したほうがよいのかもしれませんが)。

仕事のメールには、できれば署名を入れてほしいものです。とっさのときにメール検索で電話番号や住所がわかって救われた人はたくさんいるはずです。ちょっとした親切という以上に、大切なものだと思います。

仕事メールの署名に主に必要とされる内容は次のとおりです。住所を入れない署名もふえてきていますが、あったほうがよいでしょう。プライベートのメールに個人宅の住所を入れる必要はありませんが、仕事のメールに会社の住所を入れることを躊躇《ちゅうちょ》する必要はないと思います。

① 名前
② 所属(会社名、部署名)
③ 会社の住所
④ 電話番号、ファックス番号
⑤ メールアドレス
⑥ 会社のホームページのURL

⑦ 携帯電話の番号

次ページに例を挙げてみましょう。

個人名を1行目にもってくるか、会社名を1行目にもってくるかは好みの問題です。

署名が自動的に入る機能を活用して、継続的にお知らせしたいことを署名の前後に書いている人もいます。会社の移転やメールアドレスの変更、キャンペーンのコピー、最新刊などなど。

ただし、凝《こ》りすぎないこと。仕事メールはテキスト形式（書式設定をしないメールの形式）が基本です。文字の大きさを変えたり画像を貼ったりしたメールは、テキスト形式で開くと崩れてしまうことがあります。

お知らせをつけるときは、こんな感じ。

5月10日に事務所が移転しました！

7月1日からメールアドレスが変更になりました。

署名の例

署名①

****

ルポライター　山田　花子
E-Mail：yamada@abcd○○.com
山田事務所
〒102-XXXX　東京都千代田区○○1-2-3
TEL：03-3265-6071　　FAX：03-3265-6076

****

署名②

株式会社EFGH 営業部　第一営業課
鈴木　太郎
〒104-XXXX 東京都中央区○○1-2-3
(TEL)03-XXXX-XXXX (FAX)03-XXXX-XXXX

署名③

□□□　　　　　　　　　　□□□
株式会社 ABCエージェンシー　企画課
高橋　薫
TEL:03-XXXX-XXXX 携帯:080-XXXX-XXXX
e-mail:takahashi@abc○○.co.jp
□□□　　　　　　　　　　□□□

最新刊『気持ちがいいメールを書ける本』出ました！

署名を何種類か作って、相手や場面によって使い分けるのもよいでしょう。

「Cc」の危険性を熟知しておく

メールマナーといわれるものの中には、破ると大いにひんしゅくを買うものもあります。その一つが、「面識のない人同士のメールアドレスをCcに並べて同報してしまうこと」です。

メールアドレスはプライバシーなので、営業用に公開されているもの以外は、むやみに第三者に知らせてはいけません。

たとえば、あなたがいろんな方面の知人に、住所変更のお知らせを送りたいとします。こんなとき、同じ文面を多数の人に一斉に送ることができるのが、メールの便利なところです。しかし、もしも同報用のCc欄にみんなのメールアドレスを並べて送ったら、届いた先で、並んでいるほかのアドレスがみんな見える状態になってしまいます。「おお。広瀬さんのメルアド、ゲット！」と喜ぶ不届き者がいたら、広瀬さんに迷惑をかけてしまいますね。

私も、著名な先生方のアドレスがずらりと並んだメールを受け取ったことがありますが、なかなかの壮観でした。担当者はあとで叱られたことでしょう。

こういうときは、お互いのメールアドレスが見えないようにして同報できるBcc欄を使用します。Bcc欄にメールアドレスを並べて送ると、届いた先では、送信者のあなたのメールアドレスしか表示されません。メールソフトによっては、To欄（メインの送信先）に入力がないとメールを送れないものもありますので、そんなときは、To欄に自分のアドレスを入力します。

ちなみに、Ccとは、「カーボンコピー（複写）」の略で、「Toの人に送るメールのコピーをCcの人にも送っておきますね」という意味です。

たとえば、社外の人に請求書をお願いするメールを送るときに、Toに相手方、Ccに経理担当者のメールアドレスを入れたりします。このとき、相手に同報者が誰かわかるように、宛名の下に「Cc：村田（経理担当）」と書くか、本文中に「経理担当の村田にも同報しております」と書いておくと失礼がありません。何も断りがないと、誰かわからない人にCcされていることに違和感を覚える人もいるので、注意が必要です。

Bccとは、「ブラインドカーボンコピー」の略です。Bcc欄に入れたメールアドレスは、To欄の相手にも、Bcc欄に並べたほかの人たちにも見えません。こっそり同報するというのは、あまり気持ちのよいことではないので、この機能の使い道は微妙です。

前述のように、複数の相手に互いのメールアドレスが見えないように送りたいときに使うほか、自分の他のデバイスやメールアカウントで送信メールを共有したいとき、Bccに自分のアドレスを入れて送信します。

ちなみに、Ccにしても Bccにしても、大量の宛先に一斉送信すると、サーバに迷惑メールと判断され、場合によってはブロックされることもあります。大事なメールを送る場合は、全員に届いたかどうか気をつけておく必要があります。

「引用」「コピペ」の危険性も熟知しておく

返信引用も、メールの便利な機能です。読んだメールの返信ボタンをクリックすると、送信者宛のメールが立ち上がり、その人が書いてきた文面も返信引用として残ります。これを繰り返して返信をやりとりしていくと、話の経過が返信引用としてつながって残るので、いつだっけ？　どこだっけ？　なんて言ったんだっけ？　などの確認がいつでもできます。

しかし、返信引用をずっとつなげていくと、1通のメールがどんどん長くなっていきます し、情報漏洩リスクが大きくなることから、返信引用を一切つけない方針の人もいます（設定で返信引用をつけない設定にすることもできます）。返信引用にいつも助けられている私は、引用が落とされて戻ってくると、少しがっかりしてしまうこともありますが、それはそれぞれの考え方でよいと思います。

ここでは、引用にまつわるちょっと困った話を紹介したいと思います。

講師業の高橋さんは、ある日奇妙なメールを受け取りました。

講演企画会社の山本さんから、「高橋先生に研修をお願いできないかという相談がありました。下記のような依頼なのですが、いかがでしょうか」とあり、山本さん宛にきた相談者のメールが引用されていました。箇条書きで、研修の時期、テーマなどが書いてあるのはよいのですが、講師のところに「未定（講師料8万円まで）」とあったのです。

高橋さんは、自分を指名した依頼ではなく、講師料の予算で選ばれたかもしれないことを知り、がっくりしてしまいました。依頼主も、まさかそのまま引用（転送）されるなど、夢にも思っていなかったでしょう。

引用機能を使ったり書類からコピー＆ペーストすることで、効率的にメールを作成することができますが、引用する内容がそのままでいいかどうかは注意が必要です。相手に関係する部分をそのまま引用しても失礼はないか、知らせるべきではないことが含まれていないかなど、きちんと読み直して確認したほうがよいでしょう。

返信引用がつながっている状態で、第三者をCcの同報者に加えるのも避けたほうがよいでしょう。二人の間では問題がなかったやりとりも、第三者からみると失礼だったり、知らせるべきではない事柄が含まれていたりする場合もあるからです。

相手からの返信を読んで背筋が凍る経験、したくないですね。あわて者の人は特に、メールを書いたら、相手の目になって読み直す習慣を持つようにしたいものです。

【第2章のまとめ】

① チャットに慣らされた感覚を正す。
② 件名は正しくつける。
③ 宛名には儀礼的な意味がある。

④ 挨拶に凝りすぎない。

⑤ 依頼側・目下側でやりとりを終える。

⑥ 署名は名刺として活用されている。

⑦ 同報・引用はよく考えてする。

第3章　「戦略的に書く」ための応用ルール

前の第2章では、広く通用しているメールのルールやマナーについて解説しましたが、この第3章では、メールを駆使すればするほど必要になる、少し奥深い考え方や書き方について取り上げます。

メールのルールやマナーはひととおり知っているのに、伝えたいことが伝わらないことが多い。書き方について迷ってしまう。すっきりわかりやすいメールにならない。表現をネットで調べたらよけいにわからなくなる。読むのも書くのも時間がかかって仕事がはかどらない――。そんな悩みをお持ちの方も多いと思います。そんな悩みの多くは、メールの組み立て方、言葉づかいのちょっとしたコツをつかむことで大幅に改善できます。

たとえば、やみくもに伝えたいことを書くのではなく、「戦略的にメールを書く」という考え方。「戦略的」とは、伝えたい用件を整理して、どういう順番で伝えるべきか、一通のメールでいいのかといったことを含め、作戦を考えて書くということです。ここに示すいくつかの考え方は、シンプルでわかりやすいメールを書くための基本になります。

また、文章の表現についていつも迷ってしまい、ネットで調べてばかりという人は、いくつかの「間違った常識」から解き放たれることが必要かもしれません。

さっそく具体的に見ていきます。

「1メール1用件」を原則にする

相手に伝えることがたくさんあって長大なメールになってしまった、そうしてやりとりしているうちに大事なことが抜け落ちてしまった経験はありませんか。何から伝えていけば、あるいは決めていけば話がスムーズに進むかを考え、用件を切り分けるということも必要です。そのときに基本になるのが、「一つのメールに、一つの用件を入れる」という方法。

これを自分なりのルールにしておくと、メールが書きやすくなります。これには、

① メールは短いほうが読みやすく、相手に確実に認識してもらえる。
② 件名と内容を一致させやすい。
③ 以上により、1通ずつ確実に処理できる。

というメリットがあります。1通のメールに、いろんな用事がてんこ盛りになっていると、話が混乱したり、抜け落ちたりしがちです。そもそも長いメールは書くほうも読むほうも負担感が大きいものです。

たとえば、同じ相手に、「プロジェクトAの報告書について」の話と、「プロジェクトBの打ち合わせの日程調整」の話を送りたいという場合、２通のメールに分けて書きます。この二つはたぶん、話の進み方も違うでしょうから、別のメールにしておいたほうが、後々の返信がしやすく、「同じ件名で違う話題が飛び交う」という混乱も避けられます。

もしも、同じ相手に２通のメールを同時に発信する場合には、先に送るメールの最後に、

プロジェクトBの打ち合わせについては、別メールにてお送り致します。

と一言添えておけば、相手も心づもりができるし、読み落としを防ぐこともできます。

一方、「プロジェクトAの報告書について」のメールの内容に、執筆分担の話とスケジュールの話があるという場合には、１通のメールにまとめたほうが便利でしょう。

数行ですむような単純な連絡事項が複数あるようなときは、次のページの文例③のように、まとめて箇条書きにすると、すっきりします。

メール文例③

木村様

○○社の山田です。
お世話になっております。

明日の打ち合わせについてのご連絡が3点あります。

1）　10時に受付でお待ちしております。

2）　こちらの出席者は、鈴木、浜田、私の3人になります。

3）　先日お送りいただいた資料は、こちらで人数分ご用意致します。

ご足労いただき、誠に恐縮ですが、
なにとぞよろしくお願い申し上げます。

「何の用なのか」「賛成か反対か」を最初に書く

講演やスピーチなどでの話し方のコツとして、「次に〇〇について話します」「では、〇〇はどう考えればよいでしょう」などと、次に話すテーマを短い言葉で示しながら話すと聞きやすいということが言われています。

これは、メールでも同じです。

新しい話題でメールを起こすときは、「何の用か」を最初に書くと、読みやすいメールになります。たとえば、

- 実は先生にご講演のお願いがあり、メールを差し上げます。
- 本日は、以前にご相談した研究企画の件につき、ご報告申し上げます。

といった書き方です。

私のように文章を書く仕事をしていると、「実は、弊誌では10月号で〇〇の特集を企画し

ております」という書き出しのメールを受け取ると、「仕事の依頼かな」と思って読み進むわけですが、その先に「つきましては、このような取材を受けていただける方をご存知でしたらご紹介いただけないかと思っております」などと書いてあると、正直、ガクッとなってしまいます。

こういうとき、たとえば、

今回、取材先についてのご相談があり、メールを書いております。

という書き出しをしてくれれば、スムーズに読み進めることができるのです。
また、何かを打診されて返事を書くときも、「結論から書く」がコツになります。

メール拝受致しました。ぜひ協力させていただきたいと思います。

社内で検討させていただきましたが、残念ながらご期待に添えない結果となりました。

このように最初にイエスかノーかをはっきり書いてあれば、読むほうはやきもきせずに、落ち着いて内容に集中できます。特に、返事がノーである場合は、さんざん言い訳を聞かされて断られたというのは、あまり気持ちがよくないものです。経緯をいろいろ説明したい場合でも、「結論から申しますと、残念ながらご期待に添えない結果となりました」と結論を明らかにした上で、経緯や事情を説明する書き方のほうが、相手としては受けとめやすい場合が多いでしょう（「お断りのメール」については、第7章でさまざまな例を取り上げているので参考にしてください）。

結論を単純に言い切れない場合は、話を分けて書くことも必要です。

基本的には賛成致します。ただし、実現するためには、次の点を検討する必要があると考えます。

素晴らしいプランだと思います。あえていえば、次の点をあと少し詰めれば、さらに精度を高めることができるのではないかと考えております。

このように賛否を明確にしてから、課題を箇条書きなどで整理して書くなどすれば、その後のやりとりも建設的に進められると思います。

夜書いたメールは送信せずに、朝読み返す

仕事が山積してしまい遅くまで残業しているあなたに、取引先の担当者から進行中の仕事にあれこれと注文をつけるメールが送られてきました。あなたが緻密《ちみつ》に考えたプランがこれでは台無しになってしまいます。

頭にカッと血が上り、夜の9時にカタカタとメールを打つあなた。そのメール、そのまま送りますか？

やめたほうがよいでしょう。ぐっとこらえて、一晩寝かせてみてください。朝の太陽の下で読んでみて、おかしくなかったら送ってもいいと思います。

私も経験がありますが、夜は集中力が高まっているためか、相手の言葉に過剰に反応してしまうことが少なくありません。時間をおいて読み返してみると、余計なことを書きすぎていることがよくあります。

たとえば、強調語（非常に、とても、大いに）はかなり削れます。「これはこうです」と

書けばいいところを、「これは絶対にこうです」「これこれのことを考えても明らかです」などと言いつのってしまいがちですが、思い切って言葉を削っていくと、冷静で知的な文章に変わるのでやってみてください。例を挙げてみましょう。

【頭にカッと血が上った悪い例】

ご提案のようにすると、注意事項の一部が一面で表示されなくなってしまうので、絶対によくないと思います。利用者の安全のためにはどれも大変重要な内容ばかりですので、すべて一面で表示したいと考え、ずいぶん苦労して文章を練ってきました。今さらこのような変更をご提案いただくのは心外です。

【一晩寝かして書き直した良い例】

一つ懸念しますのは、ご提案の内容を入れますと、注意事項の一部が一面で表示されなくなるということです。利用者の安全のためにはどれも重要な内容ですので、できればすべて一面で表示したいと考えております。

相手と意見が対立しているときはなおさら、言葉は簡潔に、過不足のない表現になるように推敲を重ねたほうがよいでしょう。

重要な返信は、必ず読み返してから返信する、場合によっては、下書きに保存して時間をおいて読み返すくらいの慎重さをもっても、損はありません。

チャット風の返信も許される場合がある

メールには、重さがあります。その重さは、信頼関係ややりとりする頻度によって軽くなっていく傾向があります。初めての人には重く、目上の人にも重く、気心の知れた関係では軽く、やりとりの回数が増えると軽くなっていきます。

時と場合によっては、チャット並みに軽いメールも許されます。たとえば、同年輩の人とメールで打ち合わせの日程を調整し、日時・場所の確認のメールがきたら、宛名も自分の名前も挨拶もなしで、

了解です!　よろしくお願い致します。

と返すことも失礼に感じられなくなってきました。

「了解です」よりもへりくだった言い方にしたければ、「承知しました！」もつかえます。この違いについてはこの章の後半で詳しく説明します。

相手から、ちょっとしたことの確認で「これこれしても差し支えないでしょうか」と聞かれたときは、

もちろんです！　よろしくお願い致します。

というのもさわやかです。気をつかう相手へのかしこまったメールで「！」「（笑）」などは違和感がありますが、軽いメールでは特に失礼とは感じられなくなっています。

ただし、このようなチャット風の返事は返信引用をつけているときに限定したほうがよいと思います。返信引用がなくて「了解です！」と言われても、メールを大量に受け取っている相手は「この人は何を了解してくれたんだっけ？」となってしまうことがあるからです。

また、この場合も署名は忘れずに。メール冒頭で名乗らない場合、受信するソフトのアカウント表示方式によっては誰のメールかわからなくなってしまうことがあるからです。

「お願い致します」「ありがとうございます」を繰り返さない

メールを書いていると、特定のフレーズが重複するのが気になって悩んでしまうことがあります。「お願い致します」「ありがとうございます」などは、どうしても重複しがちです。回避するために、いくつかの表現を引き出しに入れておくとよいでしょう。

「お願い致します」

たとえば、日程調整のメールでは、次のような内容が含まれる場合が多いでしょう。

・○○につき、日程調整をお願い致します。
・20日までにご回答をお願い致します。
・どうぞよろしくお願い致します。

このとき、真ん中の期限のところを「ご回答ください」とするのも一つの方法ですが、ちょっと強い文章に感じられるかもしれません。相手によってはもう少していねいな書き方に

したい場合もあると思います。そんなときは、

20日までにご回答いただけましたら幸いです。

とします。「幸いです」の代わりに「助かります」とすることもできます。この「助かります」は、いろんな言い換えにつかうことができる便利なフレーズです。

最初の「お願い致します」のところも、

○○について日程調整のお願いで、ご連絡申し上げます。

とすると、「お願い致します」というフレーズをつかわずにすみます。

「ありがとうございます」

仕事では、相槌《あいづち》代わりかというほど、「ありがとうございます」というフレーズをつかいます。その調子でメールを書いていると、「ありがとうございます」だらけになってしまう

でしょう。たとえば、次のようなフレーズを盛り込みたいものの、「ありがとうございます」が多くなりすぎるというときは、どうしたらよいでしょう。

・資料をお送りくださり、ありがとうございます。
・たいへん参考になりました。ありがとうございます。
・いつもご指導をいただき、ありがとうございます。

最初のフレーズは、「資料を拝受致しました」と書いてもよいでしょう。「拝受」は「受け取る」の謙譲表現で感謝の意味はありませんが、「拝んで受け取る」という文字から感謝や敬意が感じられます。

真ん中のフレーズは本旨の部分なので、「ありがとうございます（ございました）」をつかいます。どんなふうに参考になったか、具体的な言葉を添えるとなおよいでしょう。ここまでで十分ですが、いつも助けてくれる相手にさらに感謝の気持ちを表したい場合は、どうしたらよいでしょう。

いつもご指導をいただき、心から感謝しております。

このように「感謝しております」「感謝申し上げます」などのフレーズをつかえば、お礼の言葉を重ねることができます。「重ねて御礼申し上げます」とまとめる書き方もあります。

「させていただきます」は間違いじゃない

ネット上では、普通の日本語にダメ出しをする記事が多くて閉口します。「(さ) せていただきます」もずいぶんダメ出しされましたが、相変わらずよくつかわれています。

たしかに、「お送りします」と言えばよいような場面で「送らせていただきます」と言われると、まどろっこしく感じることはあります。しかし、それは単に「つかい方」が拙《つたな》いだけで、「(さ) せていただきます」が間違った日本語であるわけではありません。

「(さ) せていただきます」は「(さ) せてもらう」の謙譲表現です。２００７年の文化庁の「敬語の指針」によれば、次のような場合は「(さ) せていただきます」と表現してもおかしくないと解説しています。

① 相手方や第三者の許可を受けて行うようなこと

② そのことで恩恵を自分が受けるという事実や気持ちがある場合

たとえば、「A社のレポートから引用させていただきました」というつかい方は、明らかに①です。訪問先でPCの電源がほしいとき「こちらのコンセントを使わせていただいてもよろしいでしょうか」と聞くのも①。上司に「体調が悪いので、今日は休ませていただきたいのですが」というのも間違いなく①です。

ところが、取引先の人に「昨日は休みをとらせていただきました」というのはどうでしょう。取引先の人に許可をもらって休むわけではないので、①に当たらないと考える人もいます。しかし、取引先とは仕事を一緒に進める関係ですので、「おかげさまで、休めました」という気持ちでつかっているとしたら、間違いとも言えません。「お元気ですか」「おかげさまで」という会話をよく耳にするように、謙虚さを重んじる日本人らしい表現だと思います。そういう「謙虚さ」が嫌いという人もいると思いますが、嫌いなら自分がつかわなければよいだけの話です。

②はどうでしょう。

「展示会のご案内を送らせていただきます」は②に当たります。相手が求めていないのに自分が展示会にきてほしくて送るわけで、送るのは自分のための行為です。その自覚があって、この表現になっていると考えられます。

反対に、相手から頼まれたり、業務上の必要性があって何かを送る場合は、①にも②にも当たりません。この場合は、「お送り致します」「お送りします」のほうがマッチングしていると言えます。

ところで、似た表現で、「送らさせていただきます」は文法的に間違っているので注意が必要です。「(さ)せていただく」の「(さ)せる」は、上一段活用・下一段活用・カ行変格活用の動詞には「させる」がつながり、五段活用・サ行変格活用の動詞には「せる」がつながります。五段活用の「送る」には「せる」がつくので、「送らせていただきます」が正しい形です。同様に、「伺わさせていただきます」「休まさせていただきます」も間違いです。

ネット上の「言葉狩り」は絶対じゃない

ネット上で「おられます」は間違った敬語だとする意見が拡散しているのを見て驚愕した

関西人は多かったと思います。

たしかに、「私は家におります」「父はそう申しておりました」という場合の「おる」は自分側を低めて相手を敬う謙譲語です。しかし、「おる」はこのほか、単に「いる」「存在する」という意味があります。この意味の「おる」に尊敬語の「れる」をつけた「おられる」は、西日本中心によくつかわれている敬語なのです。電話をかけて「山田さんはおられますか?」と言って呼び出すのは、電話の定番フレーズです。

全国調査でも「おられる」が正しい敬語だと思っている人が多数派になっていますので、「方言」とも言えません。「おられます」「おられました」「おられますか?」などは正しい日本語だと認識する必要があります。

一方で「いらっしゃる」も正しい日本語です。「いらっしゃる」には、「いる」に加えて「行く」「来る」などの意味があります。さきほどの電話の呼び出しも「山田さんはいらっしゃいますか」という人も多いでしょう。

「おられます」もこのところ失地回復してきたように思いますが、間違っていると思われるのではないかと心配な人は、「いらっしゃる」をつかえば安心だと思います。

ここからは、好みの問題になりますが、小さい「っ」や「ゃ」が入った「いらっしゃる」

よりも「おられる」のほうが柔らかくて好きという人もいるのではないでしょうか。たとえば、「先生が立っていました」を敬語にすると、

① 先生が立っていらっしゃいました。
② 先生が立たれていました。
③ 先生が立っておられました。

などになります。関西出身の私は③が最も読みやすく言いやすいと感じます。感じ方は自由です。根拠のないネットの「言葉狩り」が減れば、メールはもっと書きやすくなるはずです。

「つまらないもの」は失礼ではない

同じようにネット上で狩られた言葉に「つまらないもの」があります。

最初は誰かがブログに「人に物を贈るのに、『つまらないものですが』なんて言うのはおかしな習慣だよね」というようなことを書いたところから始まったようです。日本人特有の謙虚な表現ですが、外国人が聞いたら「なぜつまらないものをプレゼントするのか」と奇妙

に思うかもしれません。そういう「へりくだる習慣」はもうやめようよ、という主張であれば大いに理解できます。

ところが今、「つまらないもの」はつかってはいけないが、「ささやかなもの」はつかってもいいという記事が散見されます。これはますます奇妙です。

物を贈るときに言う「つまらないもの」とは、値打ちがないもの、取るに足らないものという意味でつかわれています。「あなたの立派さの前では、私が選んだものなど、取るに足らないものですが」という気持ちがこめられています。たとえ高価な和菓子であっても、取るに足らないものと言うのが、日本人的な謙虚さであり、文化でもあります。

一方、「ささやかなもの」は、粗末なものという意味です。これも、同じ成り立ちと考えられます。では、「つまらないもの」がだめで、「ささやかなもの」ならいいという判断はどこからきたのでしょう。

それこそ、謙虚さを捨てられない日本人の性であったかもしれません。「つまらないもの」をつかってはいけないと言われたけれども、「よいものです」と言って物を贈るのははばかられ、似た言葉を探してきたというわけです。困った話です。最近ようやく、「つまらないもの」は間違いではないと修正する記事が見られるようになってきました。

メールや書状で贈答品の送り状に、「つまらないものですが」と書いてあっても「失礼だ！」などとは思わないでください。もしも、この言葉が嫌いなら、自分がつかわなければいいだけの話です。同じようにつかえるフレーズとして、「ささやかなものですが」「心ばかりのものですが」なども引き出しに入れておきましょう。

「承知しました」と「了解しました」は場面でつかい分ける

仕事の場面で「承知しました」「了解しました」は、口頭でもメールでもよくつかう言葉です。これらの言葉は、次のようにつかう場面が違うので注意が必要です。

「承知しました」
「承知」には相手の依頼や要求などを聞き入れるという意味があります。「承知しました」は「かしこまりました」と同じ語感をもっていて、相手の指示に対して有無を言わず従う場面でつかわれています。書き言葉では「承知致しました」と謙譲表現で書く場合が多いでしょう。

「了解しました」

「了解」には物事の事情を理解して受け入れるという意味があります。「了解しました」は「わかりました」とほぼ同じ意味でつかわれていて、「承知しました」に比べると、理解した上でOKするという意味合いが強いと思われます。こちらもていねいに書く場合は「了解致しました」とします。

この二つを見比べると、「承知しました」のほうが相手に対してかしこまっていることがわかります。この言葉は、B to Cつまり一般消費者などのお客様相手の場面、あるいは、相手に服従する姿勢を見せなければならない場面などにふさわしい言葉です。

たとえば、飲食店の店員がお客様から「お水をください」と言われたら、「了解しました」ではなく「承知しました」と言います。社外からの大事なお客様に応対しているときにコピーを頼まれた場合も、「承知しました」のほうが適切でしょう。

これに対して、「了解しました」は、そんなにかしこまらなくてもいい場面で、相手の言うことを理解したことを伝えるフレーズとしてつかわれています。たとえば、取引先の担当者とメールをやりとりして決めた事柄について「では、この日時でお願いします」と言われて、「了解しました」と答えるのは自然です。逆に、ここで「承知しました」というと、対等に話し合ってきただけに奇妙に感じる人も多いと思います。

場面の「かしこまり度」で判断する

しかし、これには異論もあります。どんな場面でも目上の人や社外の人に「了解しました」というのは失礼だという意見です。２０００年代くらいからよく言われるようになり、一部でビジネスマナーとして定説化しているので、「了解しました」と言ったら上司に叱られたという人も少なくありません。しかし、「了解しました」が失礼だという根拠はありません。三省堂国語辞典の編集委員である飯間《いいま》浩明《ひろあき》さんが２０１６年にツイッターで「了解いたしました」は失礼な言葉ではないと書いて話題になりました。

「了解しました」がなぜ失礼だと言われるようになったのか、考えてみると不思議です。

「了解」に似た言葉に「了承」という言葉があります。両者は似ているのですが、「わかりました」という代わりに「了承しました」というのがおかしいことは明らかです。それはこの言葉が「認める」「承諾する」という意味合いを強く持っているからだと思います。「了解」を「了承」に近い意味でとらえていたとしたら、相手の打診などに「了解しました」と返事することを失礼だと感じるのもわからなくもありません。しかし、多くの人が「了解しました」を「わかりました」と同じ意味でとらえている現在、その考え方でいいのかどうか、大いに疑問です。

議論のつきない「承知しました」と「了解しました」ですが、こうして考えると、どちらをつかうかは、場面の「かしこまり度」で判断するのがよいのかもしれません。有無も言わず相手に従う関係（お客様と店員の関係も含む）、あるいはそのような姿勢を見せたいときには、「承知しました」がフィットするということになります。

若い世代は、友だちとのＬＩＮＥで、「了解」を省略して「りょ」「り」などと書いています。「了解」という言葉に親近感を持っている人は多いと思うので、やがてチャットなどで「了解しました！」があふれ返り、復権してくるのではないかと思っています。

「ご承諾」「ご承認」「ご了承」「ご承知」をつかい分ける

相手に何らかのＯＫをもらいたいとき、これらの言葉をつかいます。

似ていますが、それぞれ微妙にニュアンスが違うので、理解してつかい分ける必要があります。例文を挙げて、説明してみましょう。

契約更新についてご承諾いただきたく、お願い申し上げます。

「承諾」には、「頼みや申し入れなどを聞き入れる」という意味があります。こちらのお願いにOKしてほしい場合に、このように「ご承諾」をお願いします。「ご承諾」は依頼ごとから許可を求めることまで、幅広くつかわれる言葉です。このように承諾を求めて、ひとつ返事でOKしてもらえたときは、「ご快諾いただき、ありがとうございました」とお礼を言います。

理事の選任についてご承認いただきたく、お願い申し上げます。

「承認」には、「正当と認める、認め許す」という意味があります。こちら側の提示した事柄にOKをもらいたい場合に、このように「ご承認」をお願いします。「ご承諾」と似ていますが、「ご承認」は特に手続き、権限などが決められている事柄についてつかう場合が多いでしょう。SNSの「友達リクエストの承認」を思い浮かべるとわかりやすいかもしれません。リクエストされた側が権限を持って「友達」になることを認めるので、「承認」という言葉がつかわれています。

開催期間が変更になる場合もありますので、あらかじめご了承ください。

前節でも少しふれましたが、「了承」には、事情を理解して承諾するという意味があります。「ご了承」をお願いするということは、こちらの事情を相手に理解してほしいと頼むことを意味します。この例文のように、相手にとって不都合な変更があるかもしれないことを「わかっておいてね」と念を押すときによくつかわれる言葉です。「5月をもってサポート期間が終了致しますので、ご了承のほどお願い申し上げます」も同様の表現です。

同じ意味合いで「ご理解」という言葉をつかう場合もあります。「ご理解のほど、お願い申し上げます」と頼むときは、相手側に迷惑や不便をかける恐れがある場合が多いでしょう。

当日のキャンセルについては、キャンセル料を100%申し受けますので、あらかじめご承知おきください。

「ご承知おきください」は、「知っておいてください」という意味で、「ご了承ください」と似ていますが、さらに強い表現になります。契約に関しての断り書き、請求関係の書類などでつかわれ、相手に厳格な態度で伝える表現です。督促状の「お支払いがない場合は相応の手段をとらせていただきますので、ご承知おきください」などはその最たるものです。

このため、一般の文書やメールに「ご承知おきください」をつかうのは慎重にしたほうがよいと思います。

私は、仕事の依頼のメールで、「詳細は来月上旬にお知らせ致しますので、ご承知おきください」という文面を受け取ったことがあります。たぶん、心づもりをしておいてほしいという意味だったのだろうと思いますが、厳しい言葉づかいに少し困惑しました。「詳細は来月上旬にお知らせ致しますので、ご予定いただきたくお願い致します」、あるいは「詳細は来月上旬に改めてご連絡差し上げます」という書き方でも、相手に予定しておいてほしいという意味は伝わると思います。

このように「ご了承」「ご理解」「ご承知おき」のお願いというのは、相手に注意を促したり、何かの条件を念押ししたりするために書く場合が多いと理解しておく必要があります。

よくわからないときは、無理して難しい表現をつかおうとしないで、「〇〇してくださいますようお願い致します」と平たく書いたほうが安全です。

【第3章のまとめ】

① 一つのメールには一つの用件を入れる。
② 用件や結論は本文の冒頭でわかるようにする。
③ 一気に書いたメールは必ず読み返す。
④ チャット風でよいときがある。
⑤ 定番フレーズの重複は回避できる。
⑥ ネットの「言葉狩り」を信じない。
⑦ 同じような意味を持つ言葉のつかい分けに注意する。

第4章

アポイントをワンツーで決める

仕事のメールの中で、最も多いのはアポイント、つまり相手と直接会うための約束をするやりとりです。

「会う」ということは相手の時間をさいてもらうことなので、お願いするにあたって「忙しいのに申し訳ない」という気持ちを持つのは当然です。

ただ、だからといって遠慮しすぎると、やたらメールの回数が多くなって、かえって相手に迷惑をかけてしまいます。

相手が超多忙なＶＩＰの場合と、気軽に頼める同年代の担当者の場合では、当然書き方も違ってきますが、失礼にならない範囲で、できるだけ少ないメールで日時・場所を確定することが重要になります。

この章では、最も書くことが多いアポイント依頼メールについて、いかに少ないやりとりで的確に候補日を絞るかについて考えてみます。

押しつけがましくなく、かつ遠慮しすぎないで、着々と話を進める。そんな過不足のない書き方は意外に難しいものです。

たとえば、次のページのようなやりとりはどうでしょうか。

あなたが、アポイント依頼メールを書くという気持ちで、読んでみてください。

メール文例④

東西大学
小林先生

ABCリサーチセンターの浜田と申します。
先日、先生の出版記念パーティで、名刺交換をさせていただきました。

実は、弊社で先生にご指導をお願いしたい調査研究の企画があり、
メールを差し上げております。

弊社では、
【…おおまかなスケジュールも含めた調査企画の説明…】

本調査研究につき、
先生のご助言ご指導を賜ることができましたら、
誠に幸甚に存じます。
ぜひ一度、ご説明にお伺いしたいのですが、
お時間をいただくことは可能でしょうか。（*）

ご多忙のところ、ぶしつけなメールで申し訳ありません。
お返事をお待ちしております。

なにとぞよろしくお願い申し上げます。

あなたの遠慮がメールの回数を増やす

あなたは、企画中の市場調査についての協力を仰ぐため、著名な研究者に会おうとしているところです。以前、名刺交換はしていましたが、仕事をお願いするのは初めてです。多忙な先生なので、緊張してメールを書きました。

この最初のメールは、よく書けています。このあと、会う日時を決めるやりとりに入りました。日時に関する部分の抜き書きで読んでみましょう。丸数字はそれぞれのメールの回数です。

【先生①】

ご依頼の件、ご協力できると思います。打ち合わせは、研究室まできていただければ対応できます。いつごろがいいですか。

【あなた②】

できましたら今月中にと思っておりますが、年度末ということでお忙しいようでしたら、来月に入ってからでも結構です。ご都合のいい日をお知らせいただければ幸いです。

【先生②】

では、3月20日に大学にきてもらえますか。午後なら何時でも大丈夫です。

【あなた③】

たいへん申し訳ありません。その日は先約がありまして、お伺いできません。その翌日の21日の午後はいかがでしょう。

【先生③】

その日はふさがっています。22日か25日はどうですか。

【あなた④】

私はどちらでも大丈夫です。先生のご都合のいいほうでお願いします。

【先生④】
では、22日の午後２時に研究室にきてください。

【あなた⑤】
承知いたしました。３月22日（木）午後２時に研究室にお伺いします。よろしくお願い致します。

先に自分の都合を書くのは失礼だと思って遠慮がちに話を進めた結果、メールの回数が増えてしまいました。しかも、毎回のメールに挨拶（お世話になります）、お礼（ご返信ありがとうございました）、お願いのフレーズを書かねばならず、お互い書いたり読んだりする手間が無駄に増えてしまうことになります。中でも気になるのは、次の３点です。

① 最初のメールで訪問希望の時期について何も書かなかった。文例④の「＊」印の箇所に、２週間から１カ月程度の幅を持たせた期間を書いてもよかった。
② そもそも、自分の方から都合のいい日を聞いたのに、先方から提示された日時にＮＧ

を出してしまった。

③　先方が提示してくれた選択肢に「どちらでもいい」と答えてしまった。

最短アポ取りのためのフレーズをおさえておく

依頼そのものについて相手から断られる可能性がある場合、最初から打ち合わせの日時まで提示すると、「先走りすぎ」「厚かましい」という印象を与える恐れもあります。その場合は、前述の①のように、おおまかな時期の希望にとどめるほうがよいでしょう。

依頼や訪問についてＯＫがもらえることがわかっている相手の場合は、最初の打診で、打ち合わせの日時の候補まで書きます。同行者と調整が必要な場合などは、相手に複数の候補日を出してもらいます。たとえば、こんな書き方で打診します。

20日の週でご都合のつく時間がございましたらお伺いしたいと思っておりますが、いかがでしょうか。なお、誠に勝手ながら、20日（火）午後、21日（水）午前は予定が入っておりますので、それ以外でお願いできましたら幸いです。

今月末まででご都合のよい時間にお伺いしたいと思っております。社内でも日程調整が必要なため、お手数ですが、複数の候補日・時間をいただけますと助かります。

相手の都合を聞いておきながら相手が提示した日時にダメ出しするのは失礼ですし、メールの回数が増えてしまいます。自分が都合の悪い日があるのであれば、先に知らせます。自分が都合の悪い日が多いときは、大丈夫な日を候補日として挙げてもよいでしょう。

こちらの都合を申し上げてたいへん恐縮ですが、次のいずれかの時間帯にお伺いしたく存じますが、ご都合はいかがでしょうか。
5月13日（火）　午後
5月14日（水）　午前もしくは午後
5月16日（金）　午前

候補日を挙げる場合は、このように相手が返信のときに引用して○や×をつけられるように、箇条書きにすると親切です。

アポイントのフローチャート

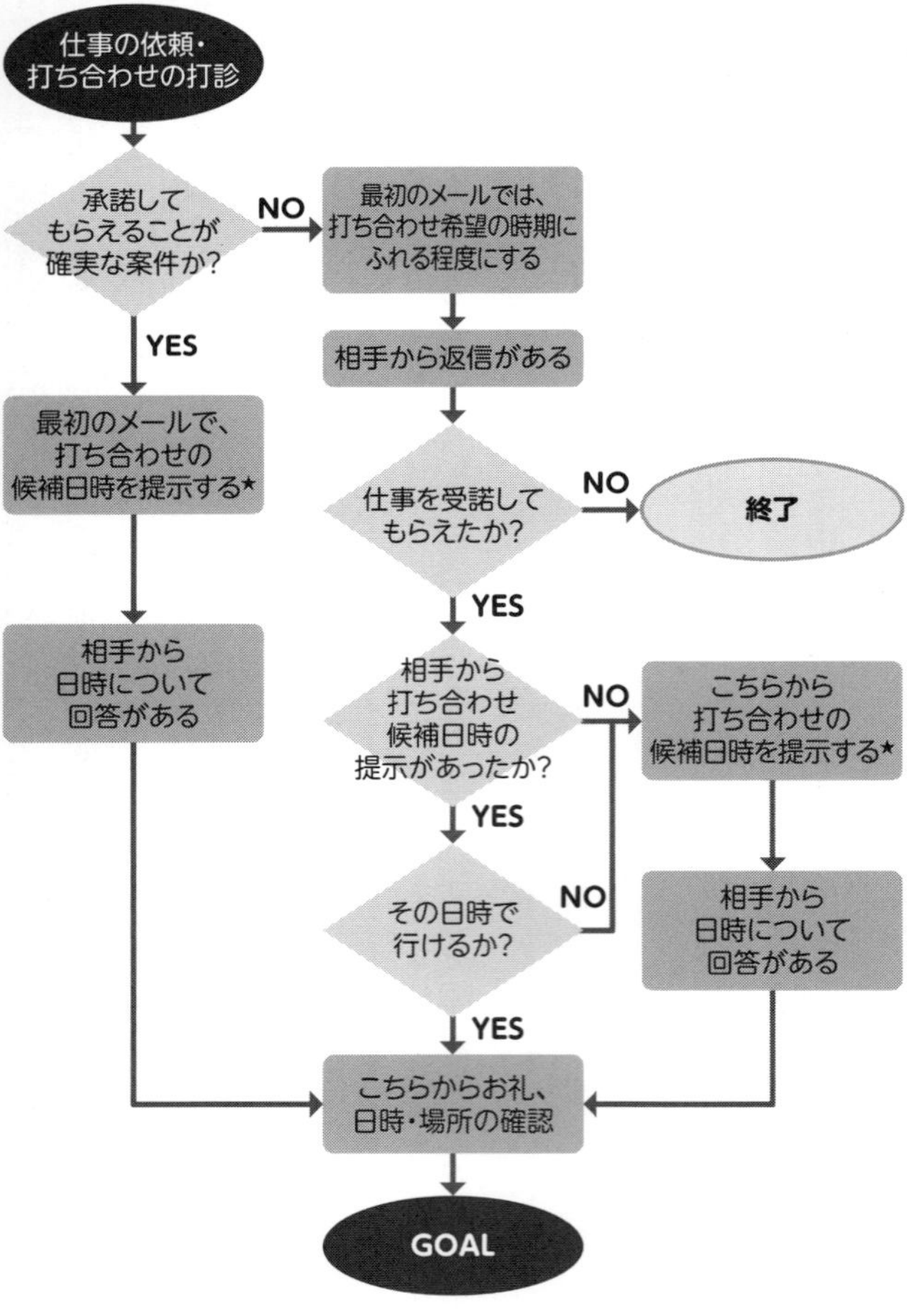
仕事の依頼・
打ち合わせの打診
承諾して
もらえることが
確実な案件か?
NO
最初のメールでは、
打ち合わせ希望の時期に
ふれる程度にする
YES
相手から返信がある
最初のメールで、
打ち合わせの
候補日時を提示する★
仕事を受諾して
もらえたか?
NO
終了
YES
相手から
日時について
回答がある
相手から
打ち合わせ
候補日時の
提示があったか?
NO
こちらから
打ち合わせの
候補日時を提示する★
YES
その日時で
行けるか?
NO
相手から
日時について
回答がある
YES
こちらからお礼、
日時・場所の確認
GOAL

★相手に候補日時を挙げてもらう場合は、もう1回ずつメールがふえる

リスケ（リスケジュール）もスマートに

あってはならないことですが、約束した日時に行けなくなってしまったときは、お詫びして変更してもらうしかありません。

お願いしておりました6月5日の打ち合わせですが、日程の変更をお願いできないかと思っております。たいへん勝手なことで申し訳ありません。

続けて別日程の提示をします。変更せざるをえなくなった理由は、相手から聞かれない限り、書かなくてよいと思います。

もちろんちゃんとした理由があるのであれば書いてもよいのですが、次の×のようなものはNGです。

× ほかに用事ができてしまいましたので、伺えません。

× 課内会議の日になってしまいましたので、変更をお願いします。

× 友だちが田舎から出てくるというので会うことになりました。

◎ 緊急に対応しなければならない事態が発生し、どうしてもお伺いできなくなってしまいました。

◎ のっぴきならない事情のため、どうしても伺えなくなってしまいました。

メールの相手には、常に「あなたのことを第一に考えていますよ」という思いをこめた「相手ファースト」の姿勢を表現することが必要です。「ほかの用事」「ほかの取引先の急用」「社内の会議」「友だちと会う」などはもちろんＮＧ。真実でも、相手に言わないのが礼儀というものです。

とても多忙な相手だった場合は、次のようなお詫びを書き添えます。

ご多忙のところ、せっかくご予定いただきましたのに、誠に申し訳ございません。

この「せっかく」という言葉は、相手の好意を無駄にするときのお詫びによくつかわれます。「せっかくのご厚意にお応えできず……」「せっかくご提案いただきましたのに、実現することができず……」などの表現です。

「あなたの本音」をメールで表現する文例集

ここでは、アポイントメールについて考えてみました。最後に、あなたの本音を、メールでやわらかく表現する文例を紹介します。

あなたの本音①　「どうしても会ってくれないと困る！」

ご多忙のこととは存じますが、なんとしても先生にご覧いただきたく、ご無理をお願いしております。

厚かましいお願いとは承知しておりますが、革新的なシステムに仕上がっておりますので、ぜひデモンストレーションをご覧いただきたく存じます。なにとぞご検討のほど、お願い申し上げます。

あなたの本音② 「とにかくすぐに時間を作ってほしい！」

突然のぶしつけなお願いで本当に申し訳ありません。なんとかお時間をいただきたく、平にお願い申し上げます。

急なお願いになってしまい、申し訳ありません。30分だけでもお時間をいただけましたら幸いです。

あなたの本音③ 「ちゃんと覚えてるかな……」

ご講演の日がいよいよ1週間後に迫ってまいりました。とても楽しみにしております。どうぞよろしくお願い致します。

明日2時にお伺いします。お忙しいところ申し訳ありませんが、どうぞよろしくお願い致します。

【第4章のまとめ】

①　承諾してもらえそうなとき、最初の打診で面会希望の時期まで知らせる。
②　相手に指定された日時にＮＧを出さない。
③　検討期間内にこちらにＮＧの日がある場合は先に伝える。
④　「どちらでもいい」という返事はしない。
⑤　候補日の提示は、相手が答えやすい形に書く。

第5章

やる気になってもらうお願いメール

前章では、効率よくアポイントを決めるメールの書き方について考えました。

この第5章では、アポイント依頼メール同様に書く頻度が高いと思われるお願いメール、つまり「誰かに何かを依頼するときのメール」について考えてみたいと思います。

お願いメールには、

① いつもの相手にいつものように仕事をお願いするメール（ここでは「レギュラーな依頼」ということにします）

② 初めての相手に新しいお願いごとをするときの特別なメール

の二つがあります。この二つは、書き方が異なります。前者は端的さが求められ、後者は礼儀正しさや熱意、あるいはインパクトが求められます。

まずは、①のレギュラーな依頼メールについて考えてみます。

いつもの相手だけに、書くことがなくて困るという人もいます。書くことがないのであれば、無理に変わったことを書く必要はありません。ビジネスライクにさらっと書いたほうが、相手もさらっと読めます。

ただし、必要な心づかいはあります。

たとえば、次のような点です。

レギュラーな依頼に「熱さ」はいらない

① 件名をマメに変えているか

レギュラーな依頼の場合、いつも同じ件名を流用するのではなく、マメにつけかえたほうがよいでしょう。たとえば、月刊誌の連載原稿の依頼メール、定例会議の出席の依頼メールの場合、

・「月刊料理」原稿のお願い
・運営会議のご出席のお願い

としてもいいのですが、

・「月刊料理」8月号原稿のお願い
・9月13日運営会議ご出席のお願い

としたほうが、今後のやりとりや、あとから検索する際により便利です。検索ですぐ見つかる&絞り込める工夫をしておくのも、気の利かせ方の一つです。件名については、20ページで基本を解説しています。

② すぐに要件に入っているか

レギュラーな依頼の場合、相手は要点だけをすっきり知りたいはずです。書き出しに余計なご機嫌うかがいやお世辞は不要です。入れても、挨拶のあとに「先日は、○○をありがとうございました」「あっという間に4月になり、次の○○をお願いする時期になりました」などのワンクッション入れる程度が適当です。

書き出しは、たとえば、次のようなフレーズですっきりまとめます。

- 次回の運営会議は9月13日（木）開催となりました。ご多忙のところ恐縮ではございますが、ご出席くださいますようお願い致します。
- 6月上旬に恒例の○○フェアを開催することになりました。つきましては、貴社に宣材の企画・制作をお願いしたく、ご連絡を差し上げました。

レギュラーな依頼は、引き受けてもらうことを前提にシンプルに書きます。

③　必要事項をパッケージできているか

「あ、時間書くの忘れた」「場所の説明忘れた」という追伸メールが多い人は気をつける必要があります。繰り返しになりますが、メールの本数をいたずらに増やすのは迷惑です。よく考えて、漏れのないように書きます。内容が多い場合は箇条書きにするなどの工夫が必要です。もしも、うっかり追伸メールになってしまったときは、前に送った部分も含め、改めて必要事項を一つにパッケージしたメールを送ります。受け取る側は、複数のメールを見ないと全体がわからないのは不便です。

依頼内容によって箇条書きすべき項目は異なりますが、次のような項目が含まれる場合が多いでしょう。

・日時（期日）　＊取材日と原稿締め切りのように実施日時と期日が必要な場合も

・場所（集合場所、会場など）
・数量（個数、原稿枚数など）
・報酬（謝礼、単価など）
・方法（納品形態、納品方法など）
・備考（注意事項、条件など）

次ページの文例⑤、文例⑥は、レギュラーな依頼の典型例です。

文例⑤のようなアウトソーシング業者への依頼の場合も、端的に依頼することで行き違いを防ぐことができます。

文例⑥のような確認依頼では、懸案事項などがどう反映されたかを端的に記すと親切です。

初めての相手にも確実にＯＫをもらう

初めての相手にお願いごとをする場合、レギュラーな依頼とは異なる書き方が必要です。

面識のない相手への打診、相手がしぶるかもしれない案件などは、アプローチの方法からよく考えたほうがよいでしょう。

メール文例⑤

川田様

△△社の石井です。
お世話になっております。

○○検討会の第5回が7月6日に開催されることに
なりました。
つきましては、今回も議事録作成をお願いしたく
ご連絡致します。

次のとおり予定しております。

会議名　第5回○○検討会
日時　　20XX年7月6日（火）午後3時～5時
場所　　△△社本社ビル5階　中会議室
議事録仕上げ希望　7月20日（火）まで

会場は、1時間前から入室できます。
会議資料等につきましては、7月2日までにお送りできる予定です。

なにとぞよろしくお願い致します。

メール文例⑥

斉藤様

○○社の中村です。
先日はありがとうございました。

打ち合わせ内容をもとに、工程表を作成致しましたので、
お送り致します。
昨年からの変更点は次のとおりです。

・工程Cを3日短縮
・工程Dの確認作業の時間を1日設ける

全体で2日の期間短縮となっております。
ご確認の上、何かございましたら今週中にお知らせください。
ご多忙のところ恐縮ですが、何卒よろしくお願い致します。

たとえば、次の三つのポイントです。

アピール① 初めての相手には訪問を基本に考える

初めての相手にメールだけの依頼でよいかどうかは、案件の軽重にもよります。相手が慎重に判断すると予想される案件は、まず「会う」ことを基本にします。つまり、第4章で解説したアポイントメントの取り方が重要になるということです。

電話番号がわかっている場合、最初に電話をかけるべきという考え方もあります。声を聞かせて話ができるので、相手への訴求力が高いと考えられるからです。これには一長一短があります。

【電話のメリット】

・声を聞かせることができるので、相手の信頼を得やすい。

・相手の反応に応じて臨機応変に交渉できる。

【電話のデメリット】

・相手の多忙な時間に割り込んでしまう恐れがある。
・電話だけでは記録が残らない（仮に電話でアポイントまで取れたとしても、メールで確定事項を送ったほうがよい）。

もちろん、初めての相手であっても会わないで依頼することは増えています。原稿書きの私から見たメディア業界の実情はこうです。

以前は、初めての仕事の場合、編集者は必ず会いにきました。今でも単行本や、分量のある原稿、連載原稿などは編集者と会って打ち合わせをするのが普通です。しかしウェブ記事や単発の小さな寄稿などの場合、面識のない編集者と最初から最後までメールのやりとりで終わるということも増えてきました。これは、編集者が手抜きになったということではなく、書き手に時間をとらせないようにという配慮もあるのだろうと思っています。

初めて依頼する相手に会うか会わないかは、仕事の内容、業界や会社の慣行、相手の多忙のレベルにもよります。何事も必ず訪問してお願いすることを礼儀と考える会社・業界もあるので、注意が必要です。

アピール②　相手の反応を想定してアプローチする

訪問するにしてもしないにしても、最初のメールは非常に重要です。

よく知らない相手でも、彼もしくは彼女がそのメールを読んだらどう感じるかを想定して、ふさわしいアピールを考える必要があります。相手の反応が想像しにくければ、書いてからいったんトイレにでも行ってください。戻ってから他人が書いた文章だと思って読んでみると感じがつかめます。

たとえば、次のようなアピールが考えられます。それぞれヒントになる例文を添えます。

【「よく知らない会社だな」と思われそうなケース】

まず自社の実績や信頼性を証明できる情報を提供する必要があります。自社や商品・サービスがわかるホームページのＵＲＬを挿入するのもよい方法です。自社の好調な実績がわかるニュース記事などがある場合は、大いに活用します。

弊社では「住む」をテーマにした情報サイト○○○を運営しております。

（サイトのＵＲＬ）

7月公開記事として、安心して住める街特集を企画中ですが、その中で、貴研究所が発表されている都内商店街調査を取り上げさせていただきたく、お願いのメールを差し上げました。

【「営業メールか」と思われて最後まで読まれそうにないケース】

利用実績を数字で示す、相手のニーズをとらえた問題解決の例を示す、他社での活用例を紹介したりするなど、相手が読まざるをえなくなる材料を提示します。

いつも当社製品をご利用いただき、誠にありがとうございます。今回、ランニングコスト30%ダウンを実現した新機種を発表することになりましたので、ぜひともご紹介したく、ご連絡を差し上げました。

【多忙な相手にどうしても仕事を引き受けてもらいたいケース】

「どうしてもあなたにお願いしたい」という相手への熱意をアピールするか、「あなたに受けてもらえないと困ってしまう」という困り感を訴えます。

先生に、今年度の管理職研修でお話をいただけないかと思い、ご連絡させていただきました。たいへんご多忙とは存じますが、なんとかお時間をいただけましたら、ありがたく存じます。私自身、先生のご著書を読ませていただき、新しいリーダーシップについてのご見解に感銘を受けた一人でございます。弊社の諸問題にヒントをいただきたく、ご検討のほど切にお願い申し上げます。

【社会貢献につながる仕事であるケース】

社会貢献そのものが目的ではない場合でも、取り組んだことが社会貢献につながるというのは、うれしいことです。また、相手によっては、社会的意義と結びつけて依頼されたほうが、受けやすい場合もあります。

私どもでは現在、当社製品の原材料を育む○○国の豊かな自然をテーマにしたキャンペーンを企画しており、ぜひとも貴協会のご協力をいただきたくご連絡を差し上げました。キャンペーンを通して、○○国の文化や暮らしを日本で広く伝えることができればと考えております。

アピール③　最初に盛り込みすぎず端的に

よく知らない相手にお願いする場合、あれもこれもと説明することが長くなってしまいがちです。長くなると、相手は読むのが面倒になるし、誤解も起こりやすくなります。

複雑な案件は会って説明すべきですが、その場合も、相手は会うか会わないかを最初のメールで判断することになります。

まず、こちらを信頼してもらい、相手が依頼の諾否を決めるのに必要な情報を伝えるということを目標に、できるだけ端的に内容をまとめる必要があります。すっきりした要領のいい文章で書くことが、信頼してもらうための第一歩です。相手にＯＫをもらってから相談できる細かいことを盛り込みすぎないのもコツの一つです。

たとえば、次ページの文例⑦のような書き方です。

依頼メールのつまずきポイントをおさえておく

依頼メールでは、気をつかうあまりくどくなってしまったり、イマイチな文章になってし

メール文例⑦

東西研究所
丸山丸太先生

初めてご連絡を差し上げます。
一般社団法人ABC協会事務局の鈴木と申します。
当協会は、ABC業界の発展、経営課題共有のための
活動を行っております。
http://abc○○○○kyoukai.or.jp/

当協会では来年6月15日（金）に、年間で最大のイベントである
全国経営セミナーを開催する計画です。
つきましては、先生にぜひとも基調講演のご登壇をいただきたく、
ご連絡を差し上げました。

セミナー企画書を添付させていただきます。
会場は東京の南北ホテルになります。
年間計画の関係で日程が先に決定しており恐縮です。

まずは、ご都合のほどお知らせいただけましたら幸甚に存じます。

ご多忙のところぶしつけなお願いで失礼ではございますが、
ぜひとも先生のお力をお貸しいただきたく、
切にお願い申し上げます。

まったりすることもあります。つまずきやすいポイントを三つ挙げてみます。

つまずきポイント① 「お願い致します」が重複してしまう

依頼メールを書こうとすると「お願い致します」というフレーズが重複してしまうことがあります。第3章で詳しく書きましたが、次の◎のようにすると重複を回避できます。

× 今週中にお返事をいただきたくお願い致します。どうぞよろしくお願い致します。
◎ 今週中にお返事をいただけましたら幸いです。どうぞよろしくお願い致します。
◎ 今週中にお返事をいただけましたら助かります。どうぞよろしくお願い致します。

よりていねい感を出したときは、「よろしくお願い致します」を「よろしくお願い申し上げます」にします。「致します」が続いて耳障《みみざわ》りなときも「申し上げます」をつかうとすっきりします。

つまずきポイント②　否定の疑問形で迫る

相手に無理なお願いをするとき、「していただけないでしょうか」という表現をつかうことがありますが、これをていねいな表現だと勘違いしている人がいます。否定形の問いかけというのは、相手に断られることを想定した強い表現なので、通常のメールでつかうと読む側に不快感を与えてしまうこともあります。

【普通のお願いをする場合】

× ご承諾いただけないでしょうか。

◎ ご承諾いただきたく、お願い致します。

◎ ご承諾いただけましたら、誠にありがたく存じます。

【少し無理なお願いをする場合】

△ お約束を変更していただけないでしょうか。

◎ お約束を変更していただくことは可能でしょうか。

◎ 誠に申し訳ありませんが、お約束を変更していただけますでしょうか。

◎お約束を変更していただけましたら誠に幸いに存じます。

【とんでもなく無理なお願いをする場合】

◎掲載を中止していただけないでしょうか。（強い要求）

◎掲載を中止していただくわけにはまいりませんでしょうか。

【断られてもしかたないと思ってお願いする場合】

◎お口添えをいただけないでしょうか。

◎お口添えをいただくわけにはまいりませんでしょうか。

ちなみに、「お口添え」とは、相手から誰かに、自分や自社を推薦してもらうことを言います。

つまずきポイント③　遠慮のしすぎで忘れられる

多忙な相手に期限を設けたお願いをするのは、気が引けることです。しかし、山ほど仕事をかかえている人は、期限を見て優先順位を決めているので、期限がないと後回しにする傾向があります。「お手すきのときに」と言ったが最後、「お手すきのとき」が永遠に来ず、忘れられてしまうこともあるでしょう。

もしも、気をつかうのであれば、締め切りまでまっとうな期間を確保してお願いすることです。優先順位を上げてもらおうと非常識な期限を設けると、「横入り」の仕事ととらえられて断られる場合もあります。

相手に合わせた書き方にすることも必要です。なんでも真面目に実行するタイプの相手なら、急がない仕事は「お手すきのときに」と言ってあげたほうが気持ちよく受け止められることもあり、このあたりはケース・バイ・ケースになってきます。

【いつも仕事に追われている人には期限を設定する】

× お手すきのときにご確認いただけましたら幸いです。

× お時間がありましたら、お目通しください。

◎ 今月中をめどにご確認をお願い致します。

◎ お目通しいただき、修正等ございましたら15日までにご連絡ください（修正がない場合は、ご返信は不要です）。

催促のメールは相手をよく見て書く

仕事の期限が過ぎているというとき、催促するのは気が引けるものです。

でも、遠慮しているうちに本当に間に合わなくなって、相手に無理な取り立てをせざるをえなくなり、かえって大変なことになってしまうこともあります。大御所になると、催促されてから仕事にとりかかるという人がいたり、何も言われないと「急いでないんだな」と考えて後回しにする人もいたりするので、油断なりません。超多忙な人、おおまかな人、忘れていそうな人には、頃合いを見計らって進捗状況をたずねるメールを出すのもよいでしょう。

たとえばこんな文面です。

来週20日までということで○○の原稿をお願いしておりますが、お進み具合はいかがでしょうか。

「お進み具合」の代わりに「ご進捗」「進捗状況」という言葉もつかえます。

ただし、几帳面で真面目な相手の場合は、事前確認は控えたほうがよいこともあります。

締め切り当日の確認も、「今日いっぱいということだったので、その予定で進めています」「お約束の期日までにお送りします」といったムッとした感じの返信がくることもあります。
催促するときも相手を見ることが必要ということです。
もっとも、締め切りを過ぎたら、まずやんわりとアラートを鳴らしてみる必要があります。

お願いをしておりました○○の進捗状況はいかがでしょうか。

昨日までにいただくことになっておりました○○ですが、その後いかがでしょうか。

このとき、「依頼したときの文面を含む返信引用」をつけておくと、相手は依頼内容をすぐに確認できます。相手が「今やってます」と返信してきたときは、それとなく次の締め切りを設定します。

来週には関係者に送付したいと考えておりますので、今週中におまとめいただけましたら助かります。

申し訳ないのですが、スケジュールがかなりタイトになっており、来週の頭にはお送りいただきたいのですが、可能でしょうか。

このとき、これらのフレーズの前に、「お忙しいところお進めくださり、ありがとうございます」とお礼の言葉を書くと、やわらかい感じになり、かつ、相手へのプレッシャーにもなります。

相手がズルズル遅れているときは、緊迫感を表現して迫ることも必要です。

1週間ほど遅れるということでお待ちしておりましたが、そろそろいかがでしょうか。

工期の関係でこれ以上お待ちすることができない状況です。なんとか明日までに対応をお願いいたします。

メールの返事がこないときも困りますね。メールの場合は、エラーが発生している可能性もありますので、次のような書き方で確認します。こちらからの送信メールを転送する形で送ると、送った日時などを「証拠」として示すことができます。

4月20日に以下のようなメールをお送り致しましたが、届いておりますでしょうか。お手数をおかけしますが、ご確認のほどよろしくお願い致します。

相手が返事を保留していて、その後の連絡がないときなどは、こんなふうに聞いてみるとよいでしょう。

その後、○○の件についてご検討の状況はいかがでしょうか。

○○について、ご都合のよい日をお知らせいただけるとのことでしたが、もしお決まりでしたらお知らせください。

無理なことをお願いして返事がないときは、心配になります。宙ぶらりんのままではその後のおつきあいにも響きますので、この際はっきり言ってもらったほうがよいでしょう。

先日はぶしつけなお願いで失礼を致しました。お困りになられているのではないかと心配しております。どうぞ率直なところをお聞かせください。いかがでしょうか。

「あなたの本音」をメールで表現する文例集

この章では、依頼メールについて考えてみました。最後に、あなたの本音を、メールでやわらかく表現する文例を紹介します。

あなたの本音①「いきなり連絡してすみません！」

突然のメールで失礼いたします。私はＡ社人事部の林と申します。

初めてご連絡を差し上げます。Ｂ社の斎藤様よりご紹介いただきましたＣ社の山田と申します。

今年2月の異業種交流会で名刺交換をさせていただきましたD社の杉田と申します。

あなたの本音②　「さっきお電話したのは私です！」

さきほどはお電話で失礼を致しました。ご快諾ありがとうございます。詳細は下記のとおりになります。

あなたの本音③　「前に頼んでいた例の件だけど……」

以前から構想をお話ししておりました研究会の件でご連絡致しました。いよいよ詳細が固まりまして、改めて島田様に委員就任をお願いしたいと考えておりますが、いかがでしょうか。

あなたの本音④　「締め切り、ちゃんと守ってね」

期間が短くて申し訳ないのですが、納品は20日厳守でお願い致します。

制作スケジュールがタイトになっており、どうしても20日までに仕上げていただかなくてはならない状況です。お忙しいところ誠に恐縮ではございますが、なにとぞよろしくお願い申し上げます。

あなたの本音⑤「ギャラ、いくら払えばいいのかな……」

ご謝礼につきまして、規定などございましたらお知らせください。

弊社の規定で恐縮ですが、講師ご謝礼は10万円とさせていただいております。誠に些少で失礼ではございますが、ご受諾いただけましたら幸甚に存じます。

あなたの本音⑥「相談に乗ってほしい…」

実は、折り入ってご相談したいことがあり、ご連絡致しました。

A社の件で、山田様のお知恵をお借りしたいのですが、ご相談に乗っていただけないでしょうか。

あなたの本音⑦「送るの忘れてませんか？」

こちらで確認しましたところ、７月分のご請求書をまだいただいていないようです。

先月お送りした契約書のご返送がまだのようです。お忙しいところ誠に申し訳ありませんが、至急お送りくださいますようお願い申し上げます。

【第5章のまとめ】

① レギュラーな依頼は「いつも同じ」でかまわない。
② 必要情報はワンパッケージで。訂正もパッケージごと送り直す。
③ 初めての相手への依頼はまず訪問したほうがよいことも。
④ 相手や場面によってアプローチを変える。
⑤ 遠慮しすぎると忘れられる。

第6章

「即レス」しない返信術

もらったメールには、その日のうち、あるいは翌日には返信するというのが一般的なマナーとされています。「24時間以内に必ず返信すべき」というルールを主張するビジネス書もあるようです。

もちろん、たいていの場合、返信は早いほうがよいと思いますが、いつでも即返信しなくてはならないわけではありません。

ここで問題です。

たとえば、相手からの問い合わせに対して、明日にならないと答えるべき内容が確認できないということがあったとします。あなたは、次の①と②、どちらの対応を選びますか？

① その場で相手に「明日までお待ちください」という返信を書き、翌日、確認がとれ次第、再び返信する。

② その場では返信せず、翌日、確認がとれてから返信する。

本章では、相手から届いたメールを、どのタイミングで返信すべきか、また、そのときの書き方はどうすべきかについて考えてみます。

メールの応答には緩急があっていい

先の問題は、①と②、どちらもケース・バイ・ケースで正しいと思います。

相手が急いでいるようすであれば、①が正解になります。一般顧客からの問い合わせの場合も①のほうがよいでしょう。相手がせっかちな人、心配性の人である場合も①のほうが無難です。確認がとれるのがもっと遅くなるかもしれない場合も、①の対応をしておくのがよいと思います。

もっとも私の場合、特に至急の問い合わせでなければ、②の方法を選びます。なぜなら、いつも①の対応をしていると、その分だけお互いが扱うメールの本数が増えてしまうからです。翌日わかってから連絡すれば、相手のメールボックスに届くメールを1本減らすことができます。

返信を遅らせたほうがよいと判断する場合は、ほかにもあります。

相手とホットな議論になった場合は、お互いのためにクールダウンの時間をおいたほうがよいかもしれません。相手に対して、こちらが慎重に判断していることを感じてもらう必要がある場合も同じです。

メーリングリストや同報メールで、複数でやりとりしている場合も、ゆっくり話を進めないと全員がついてこられなくなることがあります。

メール管理をしっかりするために、あえて返信を後回しにする場合もあります。外出先でスマホやタブレットでメールを読んでいても、返信は社に戻ってから、デスクのPCから書くと決めている人もいます。返信するデバイスを一つにすることで、「返信漏れ」を防ぎやすくなるからです（この「返信漏れ」を防ぐ方法については後述します）。

というわけで、やりとりに緩急をつけるのもメールを使いこなすワザの一つと言うことができます。

では、緩急をつけるときは、どのような書き方をすればよいのでしょうか。

即対応できないときもソツのない返信をする

多くのメールには「確認してほしい」「教えてほしい」「送ってほしい」「検討してほしい」などの要求が含まれています。

その「宿題」がすぐできるものなら、その場で実行して返信します。できない場合は、メールを受け取ったことだけをとりあえず返信します。そうすることで、相手はメールを読んでもらえたことがわかって安心できます。
このとき、あとで「宿題」をするのを忘れないようにするのが結構悩みのタネなのですが、その話はあとにしましょう。
とりあえずの返信文は、預かった「宿題」の種類や、今すぐできない理由によって、いろいろな書き方があります。

【内容を確認・検討してほしいと言われたとき】

「○○をお送りくださりありがとうございました」「○○を拝受致しました。ありがとうございました」などのお礼に続けて、次のように書きます。

- 確認の上、明日にはご返信申し上げます。
- 制作部門にも確認させますので、明後日までお時間をいただければと思います。
- 当方のスケジュールがまだ確定しておりませんので、決まり次第お返事申し上げます。

来週中にはご返信できるかと思います。

【長い原稿・レポート・資料が送られてきたとき】

「原稿（レポート・資料）を拝受致しました。ありがとうございました」などのお礼に続けて、次のように書きます。

これからじっくり拝見致します。

社に戻りましてから、読ませていただきます。

タイトルを拝見しただけでわくわくしました。ゆっくり読ませていただき、今週中にご連絡致します。

【照会や注文に対して】

「お問い合わせありがとうございました」「ご注文ありがとうございました」に続けて、次のように書きます。

ただいまお調べしておりますので、数日お時間をいただければと存じます。

データを揃えるのに2日ほどかかる見通しです。お待たせして申し訳ありません。

ご注文の品は、宅配便にて5日以内にお届けできる予定です。楽しみにお待ちください。

ただいま手配をしております。納品日はわかり次第ご連絡致します。

即対応できないときの返信文例も一つ挙げておきましょう。

左の文例⑧は、「役所への提出期限がある書類を相手が急いで作ってくれたのに、確認に時間がかかる」という微妙に困ったケースです。

この文例で「課長の佐藤」という言葉が出てきますが、これを「佐藤課長」と書いてしまうと、自社の人間に敬称をつけたことになり、敬語の作法に反します。肩書きを名前のあと

メール文例⑧

鈴木様

○○社の山田です。
早速、文案をお送りくださり、
ありがとうございました。

課長の佐藤が出張中で、
すぐにお返事が差し上げられない状況です。
急いでいただきましたのに申し訳ありません。
8日までにはお返事ができると思いますので、
今しばらくお待ちください。

県庁の期限までにあと2週間ですので、
できる限り急ぎたいと思います。
どうぞよろしくお願い致します。

につけると敬称になるというルールを覚えておきましょう。

インターバルをとって返信する

仕事のメールで、受信した日から丸2日以上たってしまった場合、意図的に時間をおいた場合でも、次のようなフレーズで軽く詫びておくとさわやかです。

- ご返信が遅れ、失礼致しました。
- お返事が遅くなり、申し訳ありません。
- お待たせしました。

うっかりして長いインターバルになってしまったときは、「たいへん申し訳ありません」としっかりお詫びする必要があります。

遅くなった理由は必ずしも書く必要はありませんが、気軽な相手なら「バタバタしていてお返事が遅れました」などと書き添えてもよいでしょう。大事なお客様やＶＩＰに対しては、言い訳は書きません。「ほかに重要な仕事があり、時間がとれませんでした」など、優先順位が低かったという理由は論外です。

こんなひと言を置くのもよいと思います。

担当部署に確認をとっておりました。

上司の了解がとれましたので、お返事致します。

ご意見について、慎重に検討させていただきました。

返信漏れはこうして防ぐ

メールを一通一通、順番に処理して終わるのであれば、苦労しません。「宿題」のあるメールがたまっていくとき、これらをいかに漏れなく遂行できるかという問題が私たちを悩ませます。

たとえば、次のような方法が考えられます。

① マーク利用方式

メールソフトには、メールにマークをつける機能がいろいろあります。

・未読マーク
・返信マーク
・フラグ

メールソフトやサービスにもよるのですが、複数のデバイスから送受信していると、これらのマークがマークにならない場合もあります。やはり、返信はなるべくメインのデバイスで行うと決めるのはよい方法です。

Ｇｍａｉｌなどのウェブメールを利用すれば、外出先から送受信してもマークやフラグが共有できます。いずれにしても、未読マークやフラグを忘れないようにつけたりはずしたりするのは、わかりやすい半面、結構面倒でもあります。

②　メール開けっ放し方式

時間がかかる「宿題」があってすぐに返信できないメールのウィンドウを開いたままにするというシンプルなワザもあります。これはラクです。マックのメールソフトの場合は、メールを終了しても、そのとき開いていたメールを、起動時に再度開いてくれるので助かります。

③　付箋貼り付け方式

ワザというか、さらに原始的な方法として、メモを付箋に書いてPCに貼るというのもあります。これは、「山田さんに営業成績データを送る」など、付随して発生した仕事内容を書きとめられるので便利です。要注意の「宿題」だけ付箋にして、①や②と併用する方法もあります。

メールに「宿題」の締め切りが少し先の日にちで書いてあることがあります。この場合は、とりあえず「承知致しました」「了解しました」（使い分けは79ページ参照）などの返信をしたほうがよいと思いますが、それで安心してはいけません。

確実に「宿題」を遂行するために、締め切りは③の付箋に書く、手帳などに転記するなど、忘れない仕掛けをする必要があります。忘れるわけがないと思ったことも、意外に簡単に忘れてしまうものです。

一日に受け取るメールの本数が何十本というレベルになってきたら、自分がやりやすい対策を決めて、メール管理を習慣づけることをお勧めします。

「あなたの本音」をメールで表現する文例集

この章では、メールの緩急のつけ方について考えてみました。最後に、あなたの本音を、メールではどのようにやわらかく表現すればよいのかをご紹介します。

あなたの本音①　「今は忙しくて無理！」

校正をお送りいただき、ありがとうございました。確認させていただき、一両日中には、お返事を差し上げたいと思います。

（「一両日中」とは、「この一日か二日の間に」という意味）

資料をありがとうございました。少しお時間をいただき、どのように反映できるか検討したいと思います。

あなたの本音②「今読んでる時間がない……」

まだ全部読めておりませんが、非常に詳細なデータが挙げられており、驚きました。参考にさせていただきます。ありがとうございました。

ご高著拝受致しました。時宜を得たテーマ、さすがです。これからゆっくり読ませていただきます。ありがとうございました。
(「時宜を得た」とは、「タイムリーな」という意味)

あなたの本音③「ややこしい用事だなあ……」

ご指示確かに承りました。社内での調整が必要と思われますので、しばらくお時間をください。

ご提案ありがとうございました。準備ができ次第とりかかりますので、しばしお時間を頂戴できれば幸いです。

あなたの本音④「私がだらしないわけじゃなくて……」

本日までにお返事するお約束でしたが、明日発表される統計データで確認したい部分がありますので、あと1日お待ちください。

標記の件、お待たせしております。弊社のシステムにトラブルがあり、書類の発行ができなくなっております。本日中には復旧の見通しですので、今しばらくお待ちくださいますよう、お願い申し上げます。

(「標記の件」とは、表題に書いた件という意味。件名に書かれている案件のこと)

あなたの本音⑤「ちょっとクールダウンさせてもらいましたよ」

お返事が遅くなり、失礼を致しました。ご提案について、社内で検討させていただきましたので、お返事申し上げます。

多岐にわたるご指摘ありがとうございました。一つ一つ検討させていただきました。以下のとおり、お返事申し上げます。

【第6章のまとめ】

①「24時間以内に返信せよ」は絶対ルールではない。
② せっかちな相手には即返信する。
③ 下手に遅れた理由を書かない。
④ 宿題や返信を忘れない工夫を身につける。

第7章

「伝えにくいこと」を文章で伝える

営業の提案を断る。採用できないことを伝える。商品を他社に切り替える――。

このように仕事においては、相手にとって残念なお知らせをしなければならない場面が多々あります。それが会社の結論でも、個人の結論でも、あなた自身が当然だと思っていても、残念だと思っていても、相手を怒らせず、納得してもらえるように伝えたいものです。

相手の気持ちを思って、つい言い訳を書いたりなぐさめたりしたくなりますが、やりすぎは禁物。かえって相手に不快感を与えたり、余計にみじめにさせてしまうこともあります。

また、基本的に、組織に所属する個人が、組織の決定を外部の人に伝える場合は、組織の立場に立って知らせるのが建前であることも念頭に置く必要があります。

たとえば、外部の人から預かっていた企画案。自分はいいと思ったのに、上司が通さなかったという場合もあるでしょう。あなたがその企画を通したいと考え、相手と一緒に案を練ってきた関係であれば、相手に自分が不本意であることを伝えるのも悪くないと思います。

ちょっとした本音は人と人の距離を近づけます。しかし、企画案にそこまでの思い入れもないのに、気まずさから逃れようと「まったくうちの課長がわかってなくて」などと上司批判をしたなら、相手はあなたをその場しのぎの信頼できない人物だと感じるでしょう。

気まずい返事、何をどこまで、どんなふうに伝えるか、ケース別に考えてみます。

あえて事務的に書くのも礼儀である

「残念なお知らせ」として、最も典型的なのは、不採用通知のようなケースです。このケースでは、

✓誠に残念ですが、ご希望に沿いかねることになりました。

と知らせ、不採用になった理由は書きません。せいぜい最後に「○○様の今後のご活躍をお祈り申し上げます」と書く程度です。多数の相手に出すので、いちいち理由を説明できないということもありますが、多くの場合、書いても相手をますますがっかりさせるだけだからです。一つ不採用通知の文例を挙げておきましょう。

不採用通知を文書で送る場合も多いと思いますが、メールで知らせることも増えています。どちらの場合も、時候の挨拶などは入れません。応募書類の提出や選考にきてくれたことにお礼を書いて挨拶の代わりにします。

ていねいな事情説明が必要な場合もあります。不採用通知でも、筆記試験などでわずかな

メール文例⑨

南山太郎様

株式会社〇〇人事部の斎藤です。

先日はお忙しい中、当社の採用面接にご足労いただき、
誠にありがとうございました。

慎重に検討致しました結果、誠に残念ではございますが、
今回は採用を見送らせていただくことになりました。
ご希望に添えず、申し訳ありません。

数多くの会社から当社にご応募をいただきましたことに
心より御礼申し上げます。

南山様の今後のご活躍をお祈り致します。

差で不採用になった場合などは、そのことを知らせて、ぜひまた応募してほしいと伝えることはできるでしょう。

企画や新製品の提案などの場合も、本当にやむをえぬ事情があり、相手のオファーを受けられなかったが、今後もおつきあいをお願いしたいというようなときには、ていねいなフォローが必要です。

これから、そんなさまざまなケースの書き方について考えてみます。

悪い知らせは早いほうがいい

まず基本的なこととして、悪い内容ほど早く知らせたほうがいいということがあります。

あらかじめ知らせる時期を明確にしていた場合は、その時期から遅れないようにします。知らせにくいからとズルズル遅らせた結果、「なぜもっと早く知らせてくれないんだ！」「やきもき心配する時間ばかり長くて余計に腹が立った」ということにもなりかねません。

個人的なお願いごとを断る場合も同じです。返事を待たされた挙句《あげく》に断られたというのは最悪の印象を残します。早く断れば相手は別の人に頼むこともできたのに、遅れた結果、間に合わなくなってしまうかもしれないからです。

といっても、社内で検討したりスケジュールを調整したりしてみた結果、応じられないことがわかったという場合もあります。万一、断りの返事が遅くなってしまったときには、お詫びの一言が必要です。たとえば、次のような書き方です。

お返事が遅れた上に、このようなことになってしまい、たいへん申し訳ありません。

もっと早くお返事すべきところ、社内の検討に時間がかかってしまい、誠に申し訳ありませんでした。

なんとか行けないかと調整したのですが、どうしても都合がつきませんでした。お返事までに時間がかかってしまいましたこと、心よりお詫び申し上げます。

この原則には例外もあります。読んだ瞬間に「その依頼には応じられない」と思っても、こちらが即断したことが伝わらないようにしたい場合もあります。そんなときは、しかるべき検討の時間をおいて返事をするのもよいと思います。

さらに、あまりおつきあいしたくない相手に、遅い返事で断るという無礼をあえて働くことで、向こうから見切りをつけてもらうことを狙う場合もあります。あなたの誠実さが疑われるという点で、あまりお勧めはできません。ただ、応ずる可能性のない売り込みや、今後おつきあいしたくない相手など、誠実に対応する義理がない場合であれば、それでわかってもらうというのも一つの方法です。

深刻な悲報は挨拶なしで知らせる

相手にとって深刻な事柄を知らせるときは時候の挨拶などは省きます。これは、お見舞い、お悔やみなどのメールに共通する原則です（第11章参照）。そもそもメールに時候の挨拶を入れない人も多いと思いますが、メールの「お世話になっております」という挨拶であっても呑気《のんき》に聞こえる場合があります。

たとえば、あなたが懇意にしている取引先と、お互い最優先で進めてきた大きな仕事が突然中止になるという事態が起こったとします。そんなとき取引先への第一報は、電話をかけたほうがよいでしょう。しかし、第一報がメールになってしまうとき、その書き出しに「お世話になっております」と書くのはどうでしょう。私なら書きません。緊迫感を表現して深刻な気持ちを共有したいからです。

たとえば、名乗った次の行で、次のように書き始めます。

- 実は、思いもかけないお知らせをしなくてはならなくなりました。
- 非常に申し訳ないことになってしまいました。
- たいへん困ったご連絡です。

一つ例を挙げてみましょう。

次のページの文例⑩を見てみてください。

こういう事態では、いろいろな事情が渦巻いているはずなので、会って説明するのが一番です。メールの文面にこちらの緊迫感を持たせることで、相手への申し訳なさも伝わりやすくなります。

メール文例⑩

鈴木様

○○社の山田です。

実は、たいへん申し訳ないことが起こってしまいました。

来月の新作発表イベントが急遽中止されることになりました。
弊社の内部事情でやむをえない決断です。

ここまでのご準備が水の泡になってしまい、
なんとお詫びしたらよいのか、言葉になりません。

まずはお目にかかってお詫びとご説明をしたいと
思っております。

今週のご都合はいかがでしょうか。
できましたら、明日にでもお伺いできればと思っております。
お返事をお待ちしております。

お誘いはソフトに断ることができる

相手が気を悪くしないようにお誘いを断ろうと思うと、難しいものです。

特別な事情がない限りは、行けない理由を詳細に書かず、次の◎マークの文例のように、さらっと書くほうがさわやかな文面になります。「お供する」というのは、一緒に行くことをへりくだって表現する言い回しです。

◎　あいにくその日は先約があり、ご一緒できません。

◎　残念ながら、その日はどうしても都合がつかず、お供できません。

×　仕事が忙しくて行けません。

×　友だちと飲む約束があって、ご一緒できません。

×マークのような書き方は、特に目上の人には失礼になる場合があります。行けない理由に「忙しい」と書くくらいなら「どうしても都合がつかない」と書いたほうがよいと思います。友だちとの約束は「先約」とぼかしたほうが無難です。

さて、メールの文面としては、◎のように書いて、「申し訳ありません」と続けて終わってもいいのですが、そっけなくて気を悪くするのではないかと心配になる相手、今後もよい関係でありたいと思う相手なら、もう少しフォローしたほうがよさそうです。

たとえば、次のような文面です。左の文例⑪も参考にしてください。

- せっかくお誘いいただきましたのに、とても残念です。また機会がございましたら、ご一緒させていただきたいと思います。
- お声がけをいただき、光栄に存じました。お心づかいに感謝いたします。
- このような席にお招きをいただけるとは思ってもおりませんでした。出席がかなわず、本当に残念です。ご盛会をお祈りしております。

メール文例⑪

太田様

○○社の山田です。
交流会へのお誘い、ありがとうございました。

あいにくその日は先約があり、参加できません。

久しぶりに皆様にもお会いしたかったのに、
本当に残念です。

次の機会がありましたら参加したいと思いますので、
またお声がけいただけましたら幸いです。

寒い日が続きますが、
風邪など召されませんようご自愛ください。
皆様にもよろしくお伝えください。

こちらのセミナーには以前から参加したいと思っておりましたので、今回は都合がつかず、とても残念です。またご案内をいただけましたら幸いです。

なお、今後同じ相手から、あるいは同様の催しに誘ってほしくない場合は、意思表示をすることも必要です。こんな文面も考えられます。

プライベートも何かと忙しくしておりますので、このようなお誘いは遠慮したく存じます。申し訳ございません。

このようなセミナーには関心がありませんので、おつきあいはできかねます。あしからずご理解のほどお願い申し上げます。

提案・協力要請はさっくり断ることができる

企画や提案、協力要請などのオファーを断る場合もあります。これらの場合は、自分の判断ではなく、部署や会社の決定である場合が多いので、「やむなくこうなりました」という書き方をします。

社内で検討した結果、残念ながら、本企画の実現は難しいとの結論になりました。

お申し越しの件、諸事情により、本年度はご協力できない見通しとなりました。

「お申し越しの件」とは、手紙やメールなどで言ってよこした事柄という意味です。

断る理由を書くかどうかはケース・バイ・ケースですが、特別に申し開きをする必要がある場合以外は、さらっと流してもよいでしょう。

次ページの、文例⑫、文例⑬も参考にしてください。

「お断り表現」をマスターする

「断ります」を敬語表現にすると、「お断り致します」「お断り申し上げます」などとなりますが、これはどちらかというと強い表現です。はっきり相手に通告したい場合は、「お断り致します」でもよいのですが、通常のメールでは、これまで出てきたようなソフトな表現の

メール文例⑫

○○社
小林様

先日は弊社までご来訪いただき、
ありがとうございました。

昨日、企画会議があり、検討致しましたが、
残念ながら商品化の決定には至りませんでした。

着眼点は新鮮ながら、
当社の得意とする販売路線にはなじまない
という結論でした。

ご期待に沿えない結果となり、
誠に申し訳ありません。

一番に当社にお話をいただきましたことに
心より感謝申し上げます。

これに懲りず、新たなご提案などいただけましたら幸いです。
今後ともよろしくお願い申し上げます。

メール文例⑬

□□協会
高橋様

△△社総務課の山田と申します。

このたびは、○○イベント協賛についてのご案内をいただき、
ありがとうございました。

本件、昨年度はご協力させていただいたのですが、
今年度は予算が許さず、ご辞退申し上げることになってしまいました。

せっかくのご厚意にお応えできず、誠に申し訳ありません。
なにとぞご理解いただきたくお願い申し上げます。

貴協会のますますのご発展ならびに○○イベントのご成功を
心よりお祈り致しております。

取り急ぎ、お詫びかたがたお返事まで申し上げます。

ほうがよくつかわれています。
整理すると、次のようになります。

・（採用・導入・提案・企画を）見送る
・（依頼などを）お受けしかねる、お引き受けしかねる
・（ご希望・ご期待に）沿えない結果となる
・（ご指名・ご推薦を）辞退する
・（贈答・申し出などを）遠慮させていただく

ところで、「見送る」と「見合わせる」が混同される例が見られます。両者には、次のような違いがあります。

「見送る」……「通過するもの、去るものを後ろから目で送る、手を出さない」という意味があり、採用や提案などの採否についていう場合は、その人物や案に決定しないという意味になります。

「見合わせる」……「照合する、注視して様子を見る」という意味があり、「採用を見合わせる」というと採用そのものを中止するという意味になってしまいます。

このように語義からすると、不採用通知や相手の提案を却下する場合は、「見送る」のほうがふさわしいと言えます。すでに実施が決まっていた事業を中止する場合には、「見合わせる」をつかいます。

「あなたの本音」をメールで表現する文例集

この章では、残念な報告・連絡をする際のメールについて考えてみました。最後に、あなたの本音を、メールでやわらかく表現する文例を紹介します。

あなたの本音① 「そんなこと、できません!」

お客様の安全のため、そのようなご依頼はお受けしかねます。

お申し込み時にお示ししましたように、場内での火の使用はお断りしております。企画の変更もしくはお取り下げをお願い致します。

あなたの本音②「今回は断るけど……」

今回はお役に立てず、誠に申し訳ありません。また機会がありましたら協力させていただきます。

弊社の事情でご協力がかなわず、たいへん残念に思っております。何かほかの形でお役に立てる機会がありましたら、よろしくお願い致します。

あなたの本音③「うち、そんなに安くないんで……」

ご照会をいただき、誠にありがとうございました。たいへん申し訳ないのですが、ご依頼の条件が弊社の最低価格に届いていないため、このままではご依頼をお受けすることができません。

ご依頼をいただき、ありがとうございました。お引き受けしたいところですが、ご提示いただいた報酬ですと厳しいと感じております。

あなたの本音④「こっちの事情もわかって！」

なにとぞご賢察のほどお願い申し上げます。

（「賢察」とは、「推察すること」の敬語表現。事情を説明したあとに書くフレーズ）

なにとぞご理解のほどお願い致します。

あなたの本音⑤「そんな大役、困ります」

せっかくのご指名ではございますが、若輩者の私には荷が勝ちますので、ご辞退申し上げたく存じます。

ありがたいご指名ですが、私では力不足ですので、今回はご勘弁いただきたいと思います。

たいへん光栄なお話ですが、現在、家族の介護をかかえており、お役目を果たすことができません。辞退させていただきたく、お願い致します。

あなたの本音⑥「マジ、残念なんですけど」

ぜひともご一緒したかったのですが、どうしても都合がつかず、今回の参加は見合わせることに致しました。

お声がけをいただき飛び上がって喜んでおりましたのに、本当に残念です。またの機会がありましたら、どうぞよろしくお願い致します。

【第7章のまとめ】

① 理由を書かず結果をさらりと知らせたほうがよいことは多い。
② 悪い知らせは早く知らせる。
③ 内容によっては挨拶を入れず緊迫感を出す。

④ 過不足のない言い回しをうまくつかう。

⑤ 目上の人からのお誘いを「忙しいから」と断るのはNG。

第8章 キレた相手に、メールで対応する

ここまで紹介してきた、さまざまな言い回しや定型表現などをつかいこなせるようになれば、仕事メールの日常的なやりとりで苦労することは少なくなるはずです。たいていの事務連絡は、サクサクと快適にやりとりできるでしょう。

しかし、メールを駆使して、いろんな人と複雑な内容をやりとりするようになると、ふとした拍子にトラブルの深みにはまることがあります。友だち同士なら、「残念だけどあの人とはもうつきあえない」と距離をおけばよいのですが、仕事ではそうもいきません。

第1章にも書いたように、メールは文字だけで何かを伝えるツールで、書いた人の人柄や気持ちが伝わりにくい。そのため、何気なく書いた言葉が一人歩きして、相手に不快感を与えてしまうことがあります。その感情的なしこりが、仕事を滞《とどこお》らせる、場合によっては対立関係に発展して、関係修復のために大きなエネルギーを費やすことになることもあります。

もしも、相手の不快感を感じたら、立ち止まって考えてみることが必要です。不器用な活字言葉がどこかでいたずらしていないか、これまでの相手の言葉に何か特別な意図がなかったか、自分は本当に誠実に相手の言葉を理解しようとしていたか、などなど。

第8章では、メールに端を発した難しい局面での考え方と、そこに介在しうるメール表現について考えます。

返信する前に、まず相手のメールを読み返す

大事な相手からのメールに、不快感が受け取れる言葉が書かれていたり、心外な指摘があったりすると、あわてて釈明したり反論したりしそうになりますが、拙速《せっそく》な対応は禁物です。まずすべきことは、返信を書くことではなく、相手のメールを読み返すことです。メールソフトの検索機能を活用すると、一連のやりとりを抽出できます。

明確な指摘があった場合は、どんなやりとりの中で、自分がどのように書いたのか確かめてください。たとえ相手の指摘に対して「そんなこと言った覚えはないよ」と思っても、自分を過信しないこと。無意識のうちに表現がまぎらわしくなっていたかもしれません。はっきり書かれてはいないけれど不愉快にさせてしまったようだというときも、やりとりを遡《さかのぼ》ってみることで、相手が違和感を覚えた原因を見つけられることがあります。

特に、知らないうちに相手のプライドや立場を傷つけていないか、相手が書いてきたことを無視して自分の言いたいことだけを書いていなかったかなどに注意します。

時間に追われてメールを斜め読みしてしまい、相手の意向や気持ちを見落としてしまうことはよくあります。何かネガティブな反応があったときは、相手の立場になってメールを読

み返すことが、よい返信を書くための第一歩になります。

「自分が至らなかった」というスタンスをとる

相手の不快感の理由がわかって、それを払拭《ふっしょく》してもらいたいと思う場合は、「自分が至らなかった」という反省を明確にしたほうがよいでしょう。

何が不十分だったかを書いたほうが明確になりますが、書きすぎると相手の不快感を増幅することにもなりかねないので注意が必要です。

例を挙げて考えてみましょう。

あなたが専門家とのやりとりの中で、その専門領域の最新情報にふれたところ、細かい点についてチクリと訂正されたとします。返信でどう書けばよいでしょう。

◎　よくわからずに不正確なことを書いてしまい、たいへん失礼を致しました。

×　この分野では第一人者の先生に向かって生意気なことを書いて不愉快にさせてしまい、申し訳ありませんでした。

×マークの文例は、「先生のプライドを傷つけて不愉快にさせた」と言っているも同然です。真実かもしれませんが失礼です。先生にしてみれば、専門的な指摘をしたつもりが、自分のプライドの問題にされて、ますます不愉快になるでしょう。

その点、◎マークの文例は、さらりとさわやかに自分の失礼を詫びていて、好感が持てます。

相手に対して「神経質すぎる」とか「大人気ない」という感想を持っていても、それは表に出さず、自分の側が不十分だったという書き方をするのが、メール技術的には正解になります。

話を前に進めるために、細かいことには目をつぶるということです。少しストレスがたまりますが、愚痴はどこか別のところで言いましょう。

ケンカしていい場面なのかを考えてみる

明らかに相手がケンカ腰のときは、どうしたらよいのでしょう。

ここまでのやりとりで自分の落ち度はない、自分の考えは正しく相手が間違っていると思っても、ケンカしてよいかどうかは別です。自分のほうが正しいからと正論を押し通していくと、まとまるものもまとまらなくなります。それでも雌雄を決するというのであれば、もはやメールの書き方や技術の問題ではありません。

会社として相手の主張を受け入れることはできないという場合には、組織として対応します。その場合には、上司や専門家などと一緒に対応を検討することになります。

もしも、相手とよい関係を継続したいのであれば、望ましい着地点を見つけて、その方向で努力する必要があります。

仮に相手に譲歩してほしいことがある場合も、まずこちらの誠意を示します。自分の落ち度は反省して詫び、相手の意見の正しいところは認めて、どうしても譲歩してほしいことはていねいにお願いするという話の進め方が必要になります。

たとえば、次ページの文例⑭のような書き方です。

シチュエーションはこうです。あなたは相手方に支払う報酬の額を提示しましたが、相手から強い不快感の表明がありました。どうしても相手に了承してもらいたいと考えたあなたは、次のようなメールを送りました。

文中の、「お詫びかたがた」とは、「お詫びを兼ねて」という意味です。「かたがた」は

メール文例⑭

高橋様

○○社の山田です。

早速のご返信ありがとうございました。
私の理解が不十分なばかりに、たいへん失礼なお願いになってしまい、
誠に申し訳ありませんでした。

詳しく教えていただき、助かりました。
ご提示した額は非常識なものであり、
お叱りをいただいて当然と反省しております。

しかしながら、今年度はこれ以上の予算を確保することが難しく、
どうしたものかと困り果てております。
もしも可能であれば、一度お詫びかたがたご相談に伺いたいと思いますが、
お時間をいただくわけにはまいりませんでしょうか。

ご検討いただければ幸いです。
なにとぞよろしくお願い申し上げます。

「お礼かたがた」「ご挨拶かたがた」などとつかわれ、便利な表現です。

さて、この文例では、相手が提示された報酬額を受け入れられない理由を説明していることに対して、全面的にその内容の正しさを認め、自分が無知であったことを最初に詫びています。

なんとか相手に気を取り直してもらい、改めてお願いするというスタンスです。まず、相手側の言い分に理解を示すというプロセスは非常に重要です。

たとえば、こんな言い回しも参考になると思います。

ご指摘のとおりです。こちらの認識不足でご不快な思いをさせてしまい、心よりお詫び申し上げます。企画書を作り直しますので、再度ご検討いただくことは可能でしょうか。

生半可な知識でわかったようなことを書いてしまい、お恥ずかしい限りです。失礼をお赦しください。ご指摘の点について、少しお時間をいただき検討したいと思います。

このように相手を立てることにしたとしても、どうしても相手に了解してほしいことがあ

る場合には、

ご指摘に従い、計画を変更したいと思いますが、一点だけご検討いただきたい点がございます。

などのように書く方法もあります。まずは相手の言い分に従うという姿勢を示すことで、こちらの意見を聞いてもらいやすくなる場合が少なくありません。

電話や訪問を活用する

さて、話が複雑になっているときは、先の文例⑭のように直接会いに行くのは、よい方法です。

複雑なことをメールに書くと、どうしても長くなりがちです。その要所要所で相手はまた新たな食い違いを発見するかもしれません。

対面で、双方向のやりとりをするほうが、お互いの意向を確かめながら話を進めることができます。声を聞いたり顔を見たりするだけで、これまでの不信感が一気に解消することは少なくありません。

何か書いても誤解される恐れがあると思ったら電話に切り替える、いよいよ雲行きが怪しくなったら会いに行く、そんな行動力も問題解決能力の一部です。

「責任感が強い人」は「書きすぎ」に気をつける

普通にメールを書いているつもりが、だんだん話が複雑になって、関係がぎくしゃくしてしまうことが多いという人はいませんか。あなたが、真面目で、責任感が強く、完璧を求める性格だとしたら、あなた自身に原因があるかもしれません。

たとえば、こんなことはないでしょうか。

・相手が間違っていると思ったとき、その理由を徹底的に説明しないと気がすまない。
・何か問題が起こったとき、まず自分に落ち度がないことを説明したくなる。

ありがちなことなのですが、これらを毎回、緻密に繰り返していると、相手にとっては「つきあいにくい人」になってしまいます。

もちろん、伝えるべきことはちゃんと伝えるという姿勢は大切です。空気を読んで遠慮ばかりしていると、重要な布石を打ち損ない、あとから「ちゃんと言っておくべきだった」と悔やむことにもなりかねません。

しかし、「自分が書いたことが、本当に今後のためになっているか」は、常に振り返る必要があります。実は、その「さじ加減」は結構難しいからです。私自身も、「書きすぎた」と反省したり、逆に「もっとはっきり伝えておけばよかった」と後悔したりすることがしばしばあります。

左の文例⑮に、責任感が強くて書きすぎてしまう人のメールの例を挙げてみました。もっと長くネチネチと書こうと思えばいくらでも書ける例です。このメールを、今後の関係を考えて読みやすくしたのがその次（１８６ページ）の文例⑯です。

文例⑯が決定打というわけでもありません。相手にもよるでしょう。相手が若く、経験も少なく、あなたのコーチを受ける立場にいるのであれば、文例⑮でよい場合もあるでしょう。しかし、社外の人で担当者同士であれば、文例⑯程度にしておくほうが、今後のためになるはずです。基本に、相手を「一人の大人として尊重する」姿勢を持つことは、いつでも必要なことです。

メール文例⑮　明らかに書きすぎなケース

○○社の鈴木です。
レポートをお送りくださり、ありがとうございました。

前回と書式が変わってしまっていますが、
何か理由があるのでしょうか。
通常、このようなシリーズのレポートは同じ書式で作成します。
前回私が細かい書式指定をしたのは、今後の書式流用を考えてのことです。

また、資料からの原文引用に出典のないところがありますが、
これはルール違反です。
レポートの信頼度にかかわるので注意する必要があると思います。

2ページ目に私がご提供したデータからも引用されていますが、
これは、ご提供した際に説明したように、
今回のケースとは数字の前提が違います。
あくまでも分析のご参考までに、と書いたはずです。

以上、ご検討ください。
よろしくお願い致します。

メール文例⑯

○○社の鈴木です。
レポートをお送りくださり、ありがとうございました。

いくつかお願いがあります。

まず、書式なのですが、シリーズのレポートですので、
前回と同じ書式にしていただけると読みやすいかと思いました。

また、資料からの原文引用に出典が漏れている箇所がありましたので、
マークしてあります。
お調べいただけますでしょうか。

2ページ目に私からご提供したデータを引用していただいたのですが、
このデータは今回のケースとは数字の前提が違います。
あくまでも分析のご参考までにご提供致しましたが、
説明が不足しておりました。

以上、ご検討ください。
よろしくお願い致します。

「あなたの本音」をメールで表現する文例集

この章では、相手の不快感にメールで向き合う方法について考えてみました。最後に、あなたの本音を、メールでやわらかく表現する文例を紹介します。

あなたの本音①　「それはあなたの勘違いですよ」

私の説明が不十分でした。申し訳ありません。

ご指摘ありがとうございました。○○は△△という意味で書いたつもりでしたが、わかりにくくなってしまいました。申し訳ありませんでした。

このコラムは全体で８００字しか入りません。私のお願いのしかたが拙く、余計なお手間をおかけすることになってしまいました。誠に申し訳ございません。

あなたの本音②　「お気に障ったようで……」

申し訳ございません。こちらの体制が整わず、このような失礼な形でのお願いになってしまいましたこと、深くお詫び申し上げます。

○○についてご教示いただきまして、たいへん勉強になりました。私の理解が不十分で、失礼を致しました。

あなたの本音③　「言っていることはわかりますが、できません」

おっしゃるとおりです。ご指摘の点については課題と認識しておりますが、現在のシステムでの対応が難しく、ご迷惑をおかけしております。なにとぞご容赦いただきたくお願い申し上げます。

【第8章のまとめ】

①　返信する前に、ここまでのメールを読み返す。

②　反省は書きすぎず、さわやかに。

③　まず、相手の意見の正しい部分を認め、言葉にする。
④　電話や訪問で空気を変える。
⑤　自分に落ち度がないと言いつのらない。

第9章

「本当に申し訳ございません」をどう書くか

言いにくいことを伝える場面を取り上げた第7章、相手が不快感を感じている場面を取り上げた第8章ともに、お詫びの言葉が多い内容でした。第9章は、お詫びそのものを主題にして、自分の失敗のせいで迷惑をかけた場面について考えます。

一口に「迷惑」と言っても、軽いものから重いものまでさまざまです。

ちょっとしたミスで相手に少しばかり手間をかけさせてしまったという程度もあれば、会社中が大騒ぎになって上司が出動するような重大なものもあります。たとえ小さなミスでも、気がついたらなるべく早く詫びる必要があります。タイミングよい一言があるかどうかで、相手の心証はまったく違ってきます。

そして、お詫びを伝えるときは、自分の失敗の重さをわきまえて、潔《いさぎよ》く謝るのが基本です。「潔い」とは、思い切りがよく、未練がましくないという意味です。起こったことを人のせいにしたり、言い訳をしたりしてしまうと、せっかくのお詫びの言葉も色あせ、相手に伝わらなくなってしまいます。たとえあなたがアルバイトのスタッフに頼んでやってもらった仕事にミスがあったという場合でも、社外の人に迷惑をかけたのなら、その人には「あなたの責任」としてお詫びを伝えなくてはなりません。

そんな基本的な心得から、メールでつかえる表現まで、お詫びについて考えます。

いら立ちを増幅する「詫び方」をしない

私はどちらかというと不注意な人間なので、小さなミスを繰り返しながら仕事をしています。ミスをして自分が困るだけなら、舌打ちをして自分を呪い、後始末をすればよいだけです。いつまでも悔やまず、「気がついてよかった」と気を取り直し、失った時間のことなどは忘れてリカバリに励むのが精神衛生上よいと思います。

しかし、相手に迷惑がかかるミスのときは、そうはいきません。考えたくなくても、相手がどんなふうに困ったか、手間をどれだけ増やしたか、相手の周囲にも迷惑がかかったのではないか、などなど想像力を働かせ、状況をふまえたお詫びをする必要があります。

これをしないで不用意な詫び方をすると、「こいつ、わかってない」と余計に相手のいら立ちを増幅することがあります。たとえば、こんなセリフ。

「確認が遅くなってしまって申し訳ありません。まだ時間がありますので、納期は2、3日遅れても大丈夫です」

自分の作業が遅れたからと、自分が設定した納期を簡単に変更する、それで相手に償《つぐな》ったつもりでいる……それは身勝手すぎます。相手は、設定された納期に合わせて仕事を進めてきたはずですし、次の急ぎの仕事が待機しているかもしれません。せめて、「確認が遅れてしまい、たいへん申し訳ありません。このあとの進行が厳しいようでしたら、勝手ながら、納期を変更させていただくことも可能かと考えております」くらいに腰を低くしたいものです。

「それはメールでいいのか？」と立ち止まる

そもそも、お詫びのメールをどう書くかを考える前に、メールのお詫びでよいかどうかを考える必要があります。

事件の大きさによって、分けて考えてみましょう。

①　メールでお詫びでもよいとき

ちょっとしたミスで、相手に少しばかり手間をかけさせてしまったという程度であれば、メールのお詫びで十分でしょう。一度きちんとお詫びの言葉を書けば、相手はたいてい水に流してくれるはずです。

② 声を聞かせてお詫びしたほうがよいとき

相手にたいへんなタイムロスをさせてしまった、恥をかかせるような失礼なことになってしまった、などの場合は、電話をかけてお詫びしたほうがよいでしょう。メールで自分の失敗を知った場合でも、まず電話をして、

「申し訳ありませんでした！」

と、気持ちを声に表してお詫びすると、相手の気持ちがおさまります。もしかしたら、

「おかげでたいへんだったよ」

と責められるかもしれませんが、電話なら、すかさず、

「そうですよね。本当に申し訳ありません」

とお詫びの言葉を重ねることができます。

③ 上司の出番になる場合

取引先に損害を発生させてしまったなどのときは、会社同士の問題になるので、担当者のお詫びでは片付きません。上司に報告して会社としての対応を判断してもらい、上司と一緒に訪問して、お詫びすることになる場合が多いでしょう。

なお、②や③の場合でも、事後にメールをやりとりする場面があるはずですので、そのメールでもお詫びの言葉を書く必要があります。

電話で詫びたあとにメールで連絡する場合も、書き出しで、「このたびは、大変なご迷惑をおかけしてしまい、申し訳ございません」と、改めてお詫びの言葉を入れます。こうしてメリハリをつけることで、実務的な連絡を続けやすくなります。

重大事件の緊急連絡では挨拶は省略する

第7章でもふれましたが、緊迫感が漂《ただよ》う場面では挨拶を省略したほうがよいことがあります。重大事件が起こった第一報や、深刻な事後処理の途中で送る連絡メールなどでお詫びの言葉を書く場合も同様です。

大事なお詫びなので、「貴社におかれましては、ますますご清栄のこととお慶び申し上げます」「日頃は格別のお引き立てを賜り、厚く御礼申し上げます」などのビジネス文書の伝統的な挨拶文を入れて礼儀をつくしたいと思う人もいるかもしれませんが、与える印象を考えると疑問です。

これらの挨拶文の「ご清栄」を「慶ぶ」とは、相手の仕事が順調に発展していることを喜び祝う言葉ですし、「格別のお引き立て」に「厚く御礼」するとは、日頃の取引でお世話になっていることへの感謝を表す言葉ですので、緊急時や事態がまだ進行中の段階では、「それどころではない」と思われてしまう可能性もあります。

メールでは、「お世話になっております」という挨拶が日常的につかわれています。これは短いフレーズですので、お詫びのメールの冒頭にあっても邪魔にはなりませんが、「申し訳ない!」という緊迫感を表したい場合は省《はぶ》いてもよいと思います。

事態が一段落して、会社として詫び状を出す段階では、右に書いたような儀礼的な挨拶が必要になります。

また、顧客からの苦情に対して、お詫びを含めた回答メールを出す場合には、「平素は格別のご愛顧を賜り、誠にありがとうございます」「日頃は当店をご利用いただき、心より御礼申し上げます」などの挨拶を入れるのが自然でしょう。

このように、事態の深刻度や段階によってメールの組み立ては違っていますので、次ページから「重いお詫び」(文例⑰)と「ちょっとしたお詫び」(文例⑱)の二つの例を挙げてみ

メール文例⑰　重いお詫び

高橋様

○○社の太田です。

このたびは、たいへんなご迷惑をおかけしてしまい、
誠に申し訳ありませんでした。

訂正したカタログは、明後日には△△社に納品予定になっております。

写真差し替えのご指示について、
社内の申し送りが不十分であったために、
このような重大なミスになってしまいました。
深く反省し、重ねてお詫び申し上げます。

今後はこのようなことのないよう、
社内のチェック体制を見直してまいりますので、
なにとぞお許しくださいますよう、お願い申し上げます。

※ミスがわかったのち、まず電話で連絡したあと、改めて送ったメール。

メール文例⑱　ちょっとしたお詫び

森田様

〇〇社の太田です。

メールを拝見し、あわててご返信しております。

私の手違いで改定前の価格表をお送りしておりました。
誠に申し訳ございません。

このメールに正しいものを添付いたしますので、
こちらでご検討くださいますよう、お願いいたします。

私の不注意で余計なお手間をおかけいたしましたこと、
重ねてお詫び申し上げます。

※軽いお詫びの場合は、「お世話になっております」という挨拶文が入っていても違和感はないが、ここでは挨拶を省き、「申し訳ない！」という気持ちを冒頭で表現している。

※最後の2行が重すぎると感じる場合は削って、「取り急ぎ、お詫びと訂正まで」と結んでもよい。

ます。

お詫び言葉のバリエーションを把握しておく

文例でも使用していますが、深刻なお詫びを切り出すときの常套句《じょうとうく》として、「このたび……」がよくつかわれています。身を引き締めて大事なことを切り出すときに、この言葉をつかいます。お祝いなど、よいことにもつかいます。

- このたびは多大なるご迷惑をおかけし、誠に申し訳ありませんでした。
- このたびはたいへん失礼なことになってしまい、お詫びのしようもございません。
- このたびの不祥事につきましては、誠に申し訳なく、お詫びの言葉もございません。

「このたびは（の）……」と切り出し、起こってしまったことを書き、お詫びの言葉を続けるという書き方です。起こってしまったことを端的に表す言葉としては、ここにあるように

「ご迷惑」「失礼」「不祥事」などのほか、「不手際」「不始末」「不行き届き」などもあります。いろいろな経緯がある出来事も、このような言葉に凝縮して抽象化することで、いたずらに相手の不快感を呼び戻さないですみます。これはなかなかの日本語表現だと思います。

これらの言葉を「このたび」に続ける場合について、意味やつかわれ方を整理しておきましょう。

「ご迷惑」……相手を困らせること。いやな思いをさせること。仕事上で本来かけなくてもよい手間を相手にかけさせたり、仕事に支障を及ぼしたりしたことは、ほぼ全部「ご迷惑」と言える。お詫びで最もよくつかわれる言葉。ただし、相手に大きな損失を与えたり、心身を傷つけるような結果を招いた場合は、「ご迷惑」では軽すぎるので注意。

「失礼」……相手にとって失礼にあたること。名前や肩書きを間違えた、公の場で恥をかかせた、立場をわきまえない意見を言ってしまったなど、相手の体面を傷つけてしまった場合のほか、重要な連絡を忘れた、連絡内容に間違いがあった場面などでも、広くつかわれている。

「不祥事」……望ましくないこと。組織としての信頼性を問われるようなこと、世間のスキャンダルになるような出来事を起こした場合につかう。

「不手際」……こちらの手順や対応方法が悪く、仕事に遅れや支障が出たり、相手にいやな思いをさせたときにつかう。

「不始末」……「始末」とは物事を処理すること、片付けること。それができないような不都合な行為や結果を「不始末」という。主に、自社の社員のミスや不注意により困った事態が起こったときなどに、「このたびは、弊社社員の不始末によりご迷惑をおかけ致しましたことを深くお詫びします」などのつかい方をする。

「不行き届き」……注意や配慮が行き届かないこと。サービスが不十分だったり、不注意のために迷惑をかけたときなどにつかう。社員の不始末について会社が「私どもの監督が不行き届きでした」と詫びることもある。

「失礼」は、「このたび」につなげない軽いお詫びでも便利な言葉です。返事が少し遅れた、ご無沙汰したことを軽く詫びるときに「失礼致しました」と言ったり、打ち解けて楽しんだ飲み会のあとに出すメールの挨拶に「先日の打ち上げでは失礼をしました」と書いたりして、大して失礼ではないときにもつかえます。

お詫びを「重ねて」強調する

これまで見てきたとおり、お詫びの言葉のバリエーションは多くありません。最もつかわれているのは「申し訳ありません」「申し訳ございません」です。

さらにかしこまって言いたいとき、重ねて言いたいときなどに「お詫び申し上げます」がつかわれています。

これらのお詫び言葉を「誠に申し訳なく、心よりお詫び申し上げます」とつなげてしまって、お詫びの気持ちを強調することもできます。

先に挙げた文例⑱のように、メールの前段で「申し訳ございません」をつかい、間に実務的な連絡を書いて、結びで再び「お詫び申し上げます」を入れてお詫び言葉を重ねるのも、

お詫びの言葉と強調語の組み合わせ

強調語	お詫び言葉
●誠に ●たいへん ●本当に ●重ね重ね	●申し訳ありません ●申し訳ございません
●深く ●心より(から) ●衷心より ●伏して ●謹んで ●重ね重ね ●重ねて	●お詫び致します ●お詫び申し上げます

ていねいです。

「お詫びのしようもございません(ありません)」系では、「お詫びの言葉も見つかりません」「なんとお詫び申し上げたらよいものか途方に暮れております」などの表現もできます。

これらのお詫び言葉には、相性のいい強調語があります。上に表にしてみました。

強調語の「重ね重ね」は「くれぐれも」「ますます」という意味で、申し訳なさを強調する言葉です。「重ねて」は「もう一度」という意味になり、メールの最後の締めでお詫びの言葉を繰り返す場合によくつかわれます。先に挙げた文例⑱のようなつかい方です。

メール文例⑲

株式会社○○
伊藤様

△△社の高橋です。
お世話になっております。

このたびは、当方の受注ミスにより、
たいへんなご迷惑をおかけしております。
初歩的な不手際により、
このような事態を招きましたことを深く反省し、
心よりお詫び申し上げます。

現在、再発防止を確実なものとするため、
社員全員で体制の見直しを進めております。

どうかこれにこりず、今後ともお引き立てを賜りますよう、
平にお願い申し上げます。

※事態が一段落したあとに発信するメール。

「再発防止」を盛りこんで少しでも信頼を回復する

ビジネス文書の「詫び状」の伝統的様式では、最後の部分で、

・再発防止策、改善への誓い
・今後の取引へのお願い

を書きます。右ページに掲載した文例⑲は、これをメールでの文面にアレンジしたものです。「再発防止策、改善への誓い」「今後の取引へのお願い」は必ず盛り込まなくてはならないものではありません。重大なお詫びの場合に、少しでも信頼回復につなげようと書くものですが、相手によってはメールで書くと形式的な印象を与えてしまう場合もあります。そんなときは「今後十分に気をつけたいと思います」と軽めにまとめてもよいと思います。

かけているのは「ご心配」か「ご迷惑」かを考える

このごろ、ときどき気になるのが、「ご心配をおかけして、申し訳ありません」というフ

レーズです。たとえば、仕事の依頼状に明らかな書き忘れがあって、質問するとこのようにお詫びをされることがあります。

たしかに、私は自分が依頼された内容にわからないことがあって心配になって質問をしているのですが、このように言われると奇妙な感じがします。詫びるとすれば、私に心配をかけたことではなく、依頼状に不十分なところがあったという点についてではないかと思うからです。印刷物の名前に誤植があることを知らせると、「申し訳ありませんでした。この後の印刷物等では訂正致しますのでご安心ください」という返事を受け取ったときも、首を傾《かし》げました。「ご安心ください」はいらないのではないかと思います。自分の側にミスがあったときに、「心配」や「安心」といった、相手の気持ちを問題にする書き方は、違和感をもたれるので注意が必要です。

依頼状の事例では、

重要なことを書き落としてしまい、申し訳ありませんでした。

と書いたほうがよいでしょう。

もちろん「ご心配をおかけして、申し訳ありません」というフレーズがぴったりくる場面もあります。たとえば、あなた自身の体調が悪いときに、一緒に仕事をしている上司や社外の人が気遣ってくれたとき。

あるいは、会社のスキャンダルや事業の不調などが公になって取引先の人が心配してくれたときにも、こんなふうに言うでしょう。ただし、後者の場合、その結果、相手に迷惑がかかってしまったときは、「ご心配」ではなく「ご迷惑」と表現しなければなりません。

単純な言葉の取り違えかもしれませんが、自分や相手の立場や状況をどう表現するかは、ていねいに考える必要があります。

「すみません」「ごめんなさい」をあえてつかう

ここまでは、仕事でのやりとりを前提に話を進めてきました。

仕事のメールでは、お詫びの言葉は「申し訳ありません」「お詫び申し上げます」がスタンダードです。たとえ親しい取引先の人でも、「すみません」「ごめんなさい」とは書きません。

でも、相手が友だちだったらどうでしょう。プライベートな間柄の友だちに、心から謝ってほしい場面で、「申し訳ありません」と言われると、儀礼的で心がこもっていないと感じるかもしれません。

相手との関係、お詫びの内容にもよりますが、ていねいな文体の中に「ごめんなさい」という言葉をはさむことで、気持ちをうまく表現できる場合もあると思います。

来週の日曜日ですが、仕事が入ってしまいました。ごめんなさい！

「あなたの本音」をメールで表現する文例集

この章では、相手に迷惑をかけた際のお詫びメールについて考えてみました。最後に、あなたの本音を、メールでやわらかく表現する文例を紹介します。

あなたの本音①「バイトの子がやっちゃったんだよね」

申し訳ありません。こちらの転記ミスでした。

（同僚や他部署のミスであっても、「こちら」という単語で当事者としてお詫びする）

こちらで手違いがありました。私のチェックが甘く、ご迷惑をおかけ致しまして誠に申し訳ありません。

あなたの本音② 「マジやばいんですけど……」

緊急のご連絡です。たいへん申し訳ない不手際がありました。

実は、非常に困ったことが起こってしまい、至急相談したいと思っております。お戻りになる時間にお電話させていただきます。

大変申し訳ございません。昨日納品させていただいた○○に不良品が混入していることがわかりました。配送停止はかけられますでしょうか。

あなたの本音③ 「すべて私が悪うございました」

私がもっと早くお伝えしていれば、このような事態は避けられたと思います。配慮が足りず、ご迷惑をおかけ致しましたこと、深くお詫び申し上げます。

私の方で確認すべきでした。申し訳ありませんでした。

すべてご指摘のとおりと思います。よく理解しないまま勝手なことをしてしまいました こと、深く反省しております。

あなたの本音④　「これで許して」

今後は十分に注意致しますので、なにとぞご容赦いただきたくお願い申し上げます。

今回のことは深く肝に銘じ、二度と同じ過ちを繰り返さないよう研鑽を積んでまいりたいと思います。

このたびのことを反省し、担当職員に専門研修を実施することに致しました。これにこりず、今後ともご指導を賜りますようお願い致します。

あなたの本音⑤　「お客様のクレーム、キター！」

このたびは弊社の不手際によりお客様にご迷惑をおかけし、誠に申し訳ありませんでした。

このたびは弊店の接客に不行き届きな点がありましたこと、深くお詫び申し上げます。このようなことを繰り返さぬよう、社員の指導に一層努力してまいります。今後とも変わらぬご愛顧をいただきたく、平にお願い申し上げます。

お問い合わせをいただき、ありがとうございました。誠に申し訳ありませんが、お買い上げいただいた商品は防水仕様ではないため、水中で使用された場合には、正常な動作が保証できません。今一度、取り扱い説明書をご確認くださいますようお願い申し上げます。

【第9章のまとめ】

①　自分の失敗が相手に及ぼした影響について考えて書く。

② メールでは不十分な場合もある。
③ 事態が進行中のときは緊迫感のある文面にする。
④ 問題の内容を抽象化する言葉を活用する。
⑤ 友だちには「ごめんなさい」でもいい。

第10章

あなたのメールが、人と人をつなぐ

ネット社会は、すぐに「人とつながれる」社会です。

それだけにさまざまなリスクもあり、プライバシーを守るためのルールやマナーが重視されるようになっています。

たとえば、メールアドレスは個人情報なので、簡単に人に伝えてはいけません。

人と人がつながる、人と人をつなげるときには、それなりの手続きが必要です。

たとえば、こんなケースを考えてみます。

あなたは、担当する調査研究に関してある研究者の指導を仰《あお》ぎたいと思っていたのですが、偶然、懇意にしている仕事関係者が、その教授とおつきあいがあると知りました。いきなり面識がないまま教授に面会を申し込むよりも、その人に紹介してもらったほうが、確実に会ってもらえそうな気がします。そこで、紹介を頼むメールを書くことにしました。

書いたメールが、次のページの文例⑳です。

人に紹介を頼んだり、人を紹介したりするメールは、意外に難しいものです。メールを出す相手のほかに、第三者の話が入ってくるためです。相手と第三者の両方に敬意を払った表現をしなければならないので、敬語の使い方も難度が上がります。

この第10章では、「人と人をつなぐ」メールの作法について、考えてみます。

メール文例⑳

川西様

○○社の山田です。
先日は、展示会ではお世話になりました。

実は、折り入ってお願いがあり、メールを差し上げました。

私は現在、◇◇の調査研究業務を担当しており、
東西大学の高橋教授のご研究を参考にさせていただいております。

先日、川西様が高橋教授と懇意にされていることをお聞きし、
教授に私をご紹介いただけないものかと思った次第です。
教授のお許しをいただければ、ぜひ一度、研究室にお伺いし、
ご挨拶できればと考えております。

お忙しいところ、誠に恐縮ですが、
お力をお貸しいただくことは可能でしょうか。
ご検討のほど、よろしくお願い致します。

遠慮の度合いをつかい分ける

右の文例⑳にあるような誰かを紹介してもらうといったお願いごとは、通常の仕事の依頼などとは違って、相手に無報酬で協力をお願いするものです。そのため、「～可能でしょうか」というような遠慮がちな表現をつかっています。

これよりももう少し遠慮の度合いを落とすと、次のようになります。

お忙しいところ申し訳ありませんが、ぜひともお力をお貸しいただきたく、お願い申し上げます。

これもすっきりしていて悪くありません。こういう場合、「厚かましいお願い」「ぶしつけなお願い」と謙遜する表現もよくつかわれます。

厚かましいお願いで誠に恐縮ではございますが、なにとぞご検討くださいますようお願い申し上げます。

ぶしつけなお願いでたいへん失礼ではございますが、なにとぞお力をお貸しいただきたくお願い致します。

どちらも「行きすぎたお願いをしている」と自分をへりくだらせている日本語的な表現ですが、実際に卑屈な気持ちになる必要はありません。お願いしたりされたりするのは「お互い様」、逆にいつか自分が相手のために役に立てばいいと考えましょう。

さて、このメールを受け取った川西さんから「教授に連絡してみます」という返事がありました。そこであなたは、川西さんが利用できるように、自分が担当している調査研究についての簡単な説明を書き添えて「よろしくお願い致します」と返信しました。

ここで、もしも川西さんが無断で教授のメールアドレスをあなたに伝えるようなことがあった場合は、マナー違反になります。また、川西さんがあなたに無断であなたのメールを教授に転送したり引用したりすることもマナー違反になります。もし、教授に紹介するときに自分のメールを利用してほしいと思う場合は、「このメールから引用してくださっても結構です」と一言書き添えるとよいでしょう。このあと一般的には、次のような流れになります。

①川西さん↓教授……川西さんが教授にあなたのことを説明して、教授のメールアドレス等をあなたに伝えてよいかどうか確認する。
②教授↓川西さん……教授から「どうぞお伝えください」などの返事がある。
③川西さん↓教授……快諾へのお礼のメール。
④川西さん↓あなた……教授から承諾があったことをあなたに伝え、教授のメールアドレス等の情報を提供する。
⑤あなた↓川西さん……紹介してもらったお礼のメール。
⑥あなた↓教授……「川西様からご紹介いただきました○○社の山田です」という書き出しで、教授に面会のお願いのメールを送る。

紹介を頼まれて人と人をつなぐ

今度は紹介を頼まれるほうの立場から考えてみます。さきほどの事例で、川西さんはあなたからのメールを受け取って、ちょっと困惑しました。なぜなら、教授とは「懇意」というほど気軽な関係ではなかったからです。それでも、知り合いである自分がつないであげたほうがよいだろうと思い、あなたが快《こころよ》く受け入れてもらえるように文例㉑のような文面を考えました。

川西さんとあなたは、教授よりも目下の関係になります。また、川西さんにとってあなたは、たとえ年下でも社外の人間ですから、尊敬表現をつかうべき関係にあります。

ただし、三者の関係から表現が複雑になっているところもあります。

たとえば、「先生にお目にかかりご指導を仰ぎたい」の部分は、あなたの行為に謙譲語をつかうことで教授に敬意を表しています。しかし、その後に「とのご相談でした」とつなげ、あなたの言葉として扱うことで違和感のない文章になっています。

また、「直接連絡してもらうようにしたい」はあなたに関して尊敬表現になっていません。これは、連絡する相手が教授なので「直接連絡していただくようにしたい」では違和感があるからです。仮に「直接連絡するようにしたい」とすると、あなたに「してもらう」という川西さんの立場が表現できません。「直接連絡してもらうようにしたい」は教授を立てつつ、意味がわかりやすい、ちょうどいい表現なのです。

このメールでは、教授に最も高い敬意を示し、その邪魔にならない範囲であなたにも敬意を示す、という敬語のつかい方になっています。とても複雑で、難しく感じるかもしれませ

メール文例㉑

高橋先生

△△社の川西です。お世話になっております。

実は、弊社と長年取引のある○○社の担当者より、
ぜひとも先生にご紹介いただきたいというご希望があり、
ご連絡致しました。

○○社は堅実な成長を続ける業界の老舗企業ですが、
目下、◇◇の調査研究に力を入れているとのことです。
そこで、一度先生にお目にかかりご指導を仰ぎたいとのご相談でした。
お差し支えないようでしたら、先生のメールアドレスを担当者に伝え、
先方から直接連絡してもらうようにしたいと思いますが、
いかがでしょうか。

担当者のお名前は山田一郎さんといいます。
開発部研究課に所属しておられます。

なにとぞよろしくお願いいたします。

んが、大丈夫。こういった言い回しを聞いたり読んだりしているうちに、自然に書けるようになるものです。

文例㉑よりも気軽なケースとして、左に文例㉒を示しました。これは、相手の業務の範囲内に含まれるようなお願いなので、事務的に処理しています。

このケースで、面会を希望しているのが社内の人間である場合は、次のような書き方になります。

弊社の単行本編集部の山本という者が、お目にかかってお話をうかがいたいと申しております。山本から直接連絡させますので、ご対応いただけますと幸いです。お忙しいところ恐縮ですが、よろしくお願い致します。

なお、会社アドレスでやりとりされるメールの内容は、会社同士のやりとりと見なされるため、取引先のメールアドレスを社内で共有することは問題ないとされています。しかし、マナーとしては、知っている人間が紹介するプロセスはあったほうがよいでしょう。

ちなみに、社外の人に社内の人間を紹介するような場合は、たとえ上司でも謙譲表現でへ

メール文例㉒

本田様

○○社の田村です。
お世話になっております。
5月号に玉稿を賜り、誠にありがとうございました。

今朝ほど、東西新聞社の記者の山本花子さんから連絡があり、
直接お話をうかがいたいとのことでした。

本田様のメールアドレスを
先方にお伝えしてもよろしいでしょうか。

ご面倒をおかけしますが、
なにとぞよろしくお願い致します。

りくだらせて表現します。たとえば、こんな感じです。

営業部長の加藤がぜひお目にかかりたいと申しております。

会場には弊社の社長も参りますので、ぜひご紹介したく存じます。

前にも説明しましたが、役職名は名前のあとにつけると敬称になりますので、右の例で「加藤部長」と書くのは間違いになります。社外の人に向かって「課長に見ていただいたのですが」などと、上司に尊敬語をつけてしまう人は結構多いようです。相手の書類などについての話であれば、「課長も拝見したのですが」というように謙譲語をつけるのが正しい敬語表現です。

紹介・推薦・顔合わせで人の輪を広げる

仕事・趣味の範囲を越えて人や場所をつなぐことで、新しい交流が生まれ、人間関係が広がります。左の文例㉓を見てください。

メール文例㉓

鈴木様

○○社の山村です。
先日、風景が描ける若手イラストレーターをお探しとお聞きしましたが、
ちょうどご希望に合いそうな方を見つけましたのでご紹介します。

　田山　一太郎氏
　http://ichitarou◎◎◎◎.jp/

やわらかい色の牧歌的な絵もあれば、
深みのある幻想的な絵も得意とされています。

以前に知人の出版記念パーティでお目にかかったのが縁で、
ときどき展示会のご案内をいただいています。

上記サイトに問い合わせ先も記載されています。
もしもよろしければ、連絡してみてください。
私から聞いたと言ってくださっても結構です。
どうぞよろしくお願い致します。

このような紹介をするときは、その人が自分とどういう関係かも説明しておいたほうがよいでしょう。自分の名前を言っても紹介されたほうは誰かわからないだろうという程度の関係であれば、「私のことは、ご記憶にないかもしれません」などと説明します。

特別に強く推薦したい場合は、紹介の部分にその旨をしっかり書きます。

知名度は高くありませんが、技術力は確かですので安心して頼めると思います。

前の会社で仕事をお願いしていましたが、期限厳守でていねいな仕事をしてくださるので助かっていました。

一流の料亭で修業を重ねてきただけに、腕は確かです。ぜひ一度お立ち寄りください。

明るく人当たりがよいというだけでなく、なすべきことには実行力と責任感をもって取り組むことができる、私が最も信頼する後輩です。一度、ご面談の機会をいただけましたらありがたく存じます。

実際におつきあいをしてきた自分だからこそ知っている情報を提供すれば、紹介先も助かります。

ここまでは、連絡を仲介したり情報を提供したりして「つなぐ」例を中心に取り上げてきましたが、実際に顔と顔を合わせられるように、引き合わせたい場合もあります。つまり、知り合い同士を引き合わせるセッティングをするということです。

そんなときは、次のような言い回しがあります。

- 今度の夕食会で、ぜひお引き合わせしたい人がいます。
- △△社とのゴルフコンペがあるのですが、ご一緒にいかがですか。
- 後任の者を同伴しますので、ご紹介申し上げたく存じます。

ちなみに、実際に三者が顔を合わせたとき、紹介は「目上の人に目下の人を紹介する」のが先になることも覚えておきましょう。
Aさんが Bさんよりも目上に当たる場合は、まずAさんに向かって「ご紹介します。こちら○○社のBさんです」とBさんを紹介し、その後、Bさんに「△△社のAさんです」と紹介します。もちろん、あなたの紹介を待たず、Bさんがすぐに名乗って名刺を差し出すことも多いでしょう。Bさんが社内の人間であれば、あらかじめ相手が誰かわかって紹介されているわけですから、すぐに名乗って名刺を差し出すのがマナーです。

「あなたの本音」をメールで表現する文例集

この章では、人と人とをつなげるメールについて考えてみました。最後に、あなたの本音を、メールでやわらかく表現する文例を紹介します。

あなたの本音①「『推し』をよろしく!」

お眼鏡にかなうようでしたら、ぜひともご推薦を賜りたくお願い申し上げます。

お気に召していただけたら、貴サイトでご紹介などいただきたくお願い申し上げます。

あなたの本音②「悪いけど、あなたのスタッフ紹介して」

こちらをお描きになったイラストレーターさんに連絡をとらせていただくことはできますでしょうか。

ご担当の方にお話をうかがいたいのですが、ご紹介いただくわけにはまいりませんでしょうか。

あなたの本音③「それはちょっと無理な相談です……」

先生のもとにはそのようなご希望が数多く届いていると思われ、私ごときの口添えではなんのお力にもなれないのではないかと思われます。

この審査は非常に厳密なものですので、社員の推薦などはまったく考慮されません。お役に立てず、申し訳ありません。

【第10章のまとめ】

① 紹介・仲介ではプライバシーに気をつける。

② 業務外のお願いになる場合は遠慮の度合いを上げる。

③ 紹介メールでは、三者の関係に応じて敬語をつかい分ける。

④ 推薦では「推し」のポイントを具体的に書く。

第11章

あの人の心に寄り添う

SNSが普及し、「コミュニケーション過多」の時代と言われる一方で、さまざまな世代のさまざまな「孤立」が問題になることが多い昨今です。SNSで今日食べたランチの情報は誰かれなく発信するのに、自分が本当に困ったときには誰にも相談できないという人も増えているように思います。そんな時代だからこそ、理解や共感のアンテナを高くして、心をふれ合わせる関係を広げていきたいものです。

あなたの友人、仕事関係者がつらいことに直面していると知ったとき、直接力になることはできなくても、何かしらの言葉で心を支えたいと思うことは多いでしょう。詳しい状況がわからなくて、どんな言葉をかけたらいいのかわからないという場合でも、相手の気持ちを思ったり、共感する言葉をかけたりすることは大切だと思います。

「あなたのことを気にしていますよ」と伝えるだけでも、相手にとっては小さな助けになると思うからです。

そんな一言をメールで書くとしたら、どんな言葉になるのか。

本書をしめくくる第11章では、心に寄り添うメールを主題にして考えます。

困ったときや災難のときだけでなく、相手が喜びの渦中にあるときに一緒に喜ぶ一言についても考えます。

まず、「受け止める」言葉を書く

友人、知人が困難に直面している。そんなときはまず、「大変だったね」「残念だね」と共感する言葉をかけたいもの。メールで書ける表現としては、たとえば、

- こんなことが起こるなんて信じられません。とても残念です。
- たいへんでしたね。お体に響くのではないかと心配しています。
- ショックでしたね。お怪我がなかったとお聞きし、心底ほっとしました。
- なんということでしょう。何かお役に立てることがあったら、なんでも言ってください。
- あまりにも理不尽です。みなさんのお気持ちを思うと涙が止まりません。

深刻な相談を受けたときも、受け止める言葉は大切です。もしも相手がメールで書いてきたことに異論があったりアドバイスをしたいと思ったりした場合でも、返信ではまず、困っている気持ちを受け止めた上で、自分の考えを書くことが必要です。

- お気持ちよくわかります。
- ここまでよく頑張ってこられたと思います。
- 厳しい状況が続いてきたのですね。そんなふうに感じられるのは当然だと思います。

困難に直面しているとき、悩んでいるときに、誰かとのちょっとしたやりとりで、自分が理解された、認められたと感じることが助けになることは少なくないものです。そうやって受け止めてくれた相手の意見は、素直に聞くことができる場合も多いと思います。

訃報への言葉は「ありきたり」で問題ない

近しい人を亡くしたという知らせを受けるのはつらいものです。相手の悲しみを思うと、軽々しいなぐさめの言葉は失礼に思えて、何を言ったらいいのか困ってしまう人も多いでしょう。

でも、お悔やみの言葉は、言い尽くせなくて当たり前です。気持ちがこもっていれば、ありきたりの表現でも十分。多弁になる必要はありません。

基本的に、お悔やみの言葉はお通夜や告別式で会って伝えるものです。それらに出席できなかったとき、あとから知ったときなどに手書きのお悔やみ状を送るのが基本ですが、何かの事情でメールで送るしかない場合もあります。また、仕事関係者からきたメールの中に訃報が書かれていたら、返信でお悔やみを書かなくてはなりません。

たとえば、取引先の担当者からのメールに「祖母が亡くなり、忌引休暇をとっておりました。ご連絡が遅くなり、申し訳ありません」と書いてあったとします。通常、特段親しくない人への仕事メールには、祖父母などの訃報は書かない場合が多いと思いますが、このように何かの事情で書かれてくることはあります。詳しいことがわからないので返信では立ち入ったことは書けませんが、相手の気持ちを思った言葉をつづります。

ご祖母様が逝去されたとのこと、心よりお悔やみ申し上げます。お寂しいことと存じますが、お疲れが出ませんよう、十分にご自愛ください。

相手方のメールに書いてある用件が特段急がないものであれば、「〇〇の件は急ぎませんので、どうぞご無理をなさらないでください」などと書き添えて、相手をいたわります。また、本来はお悔やみのメールに仕事のことなどは書きませんが、相手が書いてきたメールの内容が仕事についての返信を必要とするものだった場合には、相手がそのように希望していると考えて、用件を続けてもよいでしょう。

書き方としては、「このようなときにたいへん恐縮ですが、おたずねの件についてお返事致します」などの文章をはさみます。

若い家族の突然の死などの場合は、もっと強いお悔やみの言葉がふさわしいでしょう。

奥様の訃報に接し、たいへん驚いております。ご家族の皆様のお悲しみを思うと、言葉もありません。心よりお悔やみ申し上げます。そんな折にご連絡をいただいて、申し訳なく思っております。お力落としのことと思いますが、どうかご自愛のほどお祈り申し上げます。

相手が連絡してくれたことへの感謝を書きたい場合も、右のように「ありがとうございます」という言葉は避けたほうがよいでしょう。訃報に感謝の言葉を返すことになってしまうからです。

ただし、訃報を仲介して伝えてくれた人には、連絡の労への感謝という意味で「ご連絡ありがとうございます」と言ってもかまわないでしょう。

お悔やみを書くメールには、挨拶は書きません。左の文例㉔のようにいきなり本文から書き始めます。

お悔やみの言葉としては、「心よりお悔やみ申し上げます」のほかに、「謹んでお悔やみ申し上げます」「哀悼の意を表します」「ご冥福をお祈り致します」などがあります。

また、お悔やみの言葉の前後に気持ちを思いやる言葉を書くことが多く、前出の表現のほかにも、

メール文例㉔

田村様

突然の悲報に言葉を失っております。
すぐに駆けつけたいところですが、遠方におり、
うかがうことができません。
ご家族のみなさまのご落胆を思い、
心よりお悔やみ申し上げます。

今は気が張っていらっしゃることと思いますが、
どうかお疲れが出ませんよう、
お体にも十分にお気をつけください。

日本に戻りましたら、改めてこちらから連絡させていただきます。

※相手はいろいろな連絡が錯綜しているはずなので、メールは手短にする。
※件名を「お悔やみ申し上げます（石田より）」などとして、件名だけで用件がわかるようにする。

ご家族の皆様のお悲しみはいかばかりかとお察し申し上げます。

あまりに突然のことで、みなさまのお悲しみ、ご落胆を思いますと、申し上げる言葉もございません。

などの表現があります。「お察し申し上げます」は「拝察致します」とも言います。

なお、亡くなった原因などについて、相手が書いてこなかったときは、あえて質問などは控えます。また、お悔やみでは「たびたび」「しばしば」「わざわざ」などの重ね言葉は、不幸が重なることを連想させ縁起が悪いとされているので、つかわないようにします。

お見舞いのメールで回復を祈る

ケガや病気などで入院している人、自宅療養している人にお見舞いのメールを送ることもあるでしょう。ただし、相手がメールを読める状況なのかどうか、確認が必要です。ネット環境もさることながら、体調が悪いときはメールを読むのも負担になるからです。よくわか

メール文例㉕

上田様

山田です。
入院されたとのこと、心配しております。
そんなときにご連絡をいただき、
本当に申し訳ありません。

ずっとご多忙でいらっしゃったので、
お疲れが溜まってしまったのではないでしょうか。
この際、治療に専念されて、
しっかり治していただきたいと思います。

一日も早くご回復されますことを、
心よりお祈りしております。

らないときは、手書きの手紙にしたほうが無難でしょう。
前ページの文例㉕は、入院をメールで知らせてきた相手に返信する例です。
もっとかしこまって書く場合は、次のような言い回しをします。

- ご入院されたとお聞きし、たいへん驚きました。心からお見舞い申し上げます。
- 無事に手術を終えられたとのこと、ほっと胸をなでおろしました。
- おケガで入院されたとのこと、心よりお見舞い申し上げます。
- 驚きました。おケガが軽くて何よりでした。

お見舞いの手紙・メールには必ず回復を祈る言葉を書きます。

古代日本では、言葉にするとそのとおりのことが起こるという言霊《ことだま》信仰があったと言われます。次のような伝統的表現も、よい結果を呼び寄せようとする思いがこめられていると考えられます。

一日も早いご回復をお祈り致します。

一日も早くご快癒されますことをお祈り申し上げます。

これらの言葉の前に、「どうか治療に専念され」「どうか十分にご養生され」などの言葉をつけると、まとまりがよくなります。少し堅い表現ですが、メールでもつかえます。
焦りがちの人にはゆっくり治してもらいたいので、次のように言うのもよいでしょう。

この際、ゆっくりと静養され、完治されますようお願い致します。

ところで、休んでいる仕事仲間に会社のようすを伝えるのはよいと思いますが、本人が気になってしまいそうな仕事の話などはふれないでおくのが思いやりです。「治療に専念され」

や「ゆっくり静養され」なども、相手が病床で焦りや不安を感じないようにという思いやりから書く言葉です。

入院などの大ごとでなくても、相手からのメールに体調不良などが書かれていたときにも、いたわる言葉を添えて返信したいものです。たとえば、仕事のメールに「風邪を引いてしまいました」と書いてあったとき。この場合も、仕事の心配よりもまず相手の体の心配をします。

× お風邪を召されたとのこと、レポートの締め切りも近いので、早く治してください。

◎ お体のほう、いかがですか。どうかお大事にされてください。

◎ お風邪を召されたとのこと、心配しております。どうぞ無理をされませんようお願い致します。

結婚、出産、受賞などの連絡に「喜び」を伝える

結婚や出産など、お祝いごとがあった人に、メールでお祝いの気持ちを伝えたいとき、祝

電のように定型的な言葉を書くこともできますが、なりゆき上、それではおかしいこともあります。親しい間柄であれば、なんでも思ったことを遠慮なく書いてよいのですが、ちょっと距離のある人に、「おめでとうございます」のあとに言葉を続けたいとき、どんな表現があるでしょうか。

たとえば、先輩から結婚式への出席の打診がメールできたときの返信。

ご結婚されるとのお知らせ、うれしく拝見しました。おめでとうございます！　披露宴のお招きもいただき光栄です。ぜひ出席させてください。楽しみにしております。

仕事関係者が、連絡メールに「私ごとですが、実は先日結婚致しまして、新婚旅行に出かけておりましたので、ご連絡が遅くなりました」と書いてきたときの返信。

ご結婚おめでとうございます！　次にお会いするときは、ぜひ新婚旅行のお土産話をお聞かせください。

ご結婚おめでとうございます。祝電の一本も差し上げられず、失礼致しました。遅ればせながら、お二人の末長いお幸せをお祈り申し上げます！

これらは、祝電文よりも一歩踏み込んだ、少しフレンドリーな表現です。

ところで、結婚祝いの文例には、いまだに「手料理が」「愛妻弁当が」と書いているものがあります。男女が対等に家庭を築く時代ですから、結婚したら女性が家事をするものと決めつける言葉は不愉快に思う人もいます。気をつけましょう。

子どもが生まれた人にはどんな書き方があるでしょう。たとえば、産休に入っていた先輩から、無事の出産を知らせるメールがきたとします。

無事のご出産、おめでとうございます！　ご連絡をいただき、安心致しました。まずは十分にお体を休めて産後の回復に努めてください。赤ちゃんに会える日を楽しみにしています。

妻の出産に立ち会うために休んでいる同僚からの知らせに対して。

赤ちゃん誕生、おめでとうございます！　母子ともにご健康と聞き、安堵しました。慣れない子育てはたいへんなときもあるかもしれませんが、二人で力を合わせて頑張ってください。赤ちゃんの健やかなご成長と、ご家族のご多幸をお祈りします。

出産は命にかかわる出来事なので、「無事を祝い」「産婦をいたわり」「今後の幸せを祈る」内容が基本になります。

がらっと変わって仕事関係者が受賞した場合の文例です。

お祝い状も手書きで書くのが正式マナーと言われていますが、日頃からメールのやりとりをしている相手であれば、メールを送っても失礼とは言われないでしょう。逆に、間髪いれずお祝いの言葉を届けることで、受賞を知って「うれしくてたまらない」気持ちを表現できます。

○○賞ご受賞、おめでとうございます。皆様のご努力がこのような素晴らしい形で実を結びましたこと、感無量です。心からお祝い申し上げます。

受賞おめでとう！　さすがです。これをステップとして、さらなる高みへとはばたいてください。ますますのご活躍を楽しみにしています。

前者はチームや組織の受賞、後者は、同年輩か年下の相手にかける言葉です。目上の相手に書くのであれば、こんな書き方もできます。

このたびは、栄えある○○賞のご受賞、誠におめでとうございます。ネットニュースで拝見し興奮しております。これからますますお忙しくなられることと思いますが、どうかご健康に留意され、一層のご活躍をされますようお祈り申し上げます。

「ネットニュースで……」の部分はなくてもよいのですが、こんな描写を一言入れて、自分の喜んでいる気持ちを伝えられたら、相手もうれしいはずです。

「あなたの本音」をメールで表現する文例集

最終章では、誰かの困難、あるいはお祝いごとなどに寄り添うメールについて考えてみました。最後に、あなたの本音を、メールでやわらかく表現する文例を紹介します。

あなたの本音①「そんなに怒らなくても……」

お怒りはごもっともです。

あなたの本音②「頑張れ！」

十分に頑張ってこられたと思います。今回は、悪い偶然が重なってしまいましたが、またきっとチャンスはあるはずです。

あなたの本音③「ウソでしょ……」

あまりのことにお慰めする言葉もございません。

信じられません。皆様のご無念を思い、ご冥福をお祈りするばかりです。

あなたの本音④「病気、大丈夫？」

こちらのことはご心配なく。まずは体を休めて、回復に努められてください。

あなたの本音⑤「うらやましすぎるんですけど……」

喜びいっぱいのお写真、ごちそうさまです。末長くお幸せに。

あなたの本音⑥「私も手伝ったよね！」

ご受賞おめでとうございます。このような素晴らしいプロジェクトの一端にかかわらせていただけましたこと、たいへん光栄に感じております。今後ともご指導のほど、どうぞよろしくお願い申し上げます。

※「たいへん光栄に感じております」をもっとへりくだった表現にするなら、「誠に光栄に存じます」とするなど、相手との関係で敬語のレベルを使い分ける。

【第11章のまとめ】

①悲しさや悔しさを一緒に感じていることを伝える。

②お悔やみの言葉は「決まり文句」でいい。

③お見舞いに仕事の話は書かない。

④お祝い事は、一緒になって喜ぶ。

中川路亜紀（なかかわじあき）
1956年神戸生まれ。早稲田大学第一文学部卒業後、出版社勤務を経て、'98年にコミュニケーション・ファクトリーを設立。ビジネス文書、メールなどビジネスコミュニケーション関連の企画・著述・講演活動を行っている。著書に、『気のきいたモノの言い方ができる本』『気のきいた短いメールが書ける本』『気のきいた手紙が書ける本』（すべてダイヤモンド社）、『ビジネスメール即効お役立ち表現』（集英社）などがある。

あなたのメールは、なぜ相手《あいて》を怒《おこ》らせるのか？
仕事《しごと》ができる人《ひと》の文章術《ぶんしょうじゅつ》

2019年10月30日初版1刷発行

著　者 ── 中川路亜紀
発行者 ── 田邉浩司
装　幀 ── アラン・チャン
印刷所 ── 萩原印刷
製本所 ── フォーネット社
発行所 ── 株式会社光文社
東京都文京区音羽1-16-6（〒112-8011）
https://www.kobunsha.com/
電　話 ── 編集部03（5395）8289　書籍販売部03（5395）8116
業務部03（5395）8125
メール ── sinsyo@kobunsha.com

 ISBN 978-4-334-04440-4

1029
患者よ、医者から逃げろ
その手術、本当に必要ですか？
夏井睦

キズ・ヤケドの湿潤療法の創始者が、今も変わらない酷《ひど》い治療をメッタ斬り。豊富な症例写真を交えつつ、痛みや創感染、骨髄炎や院内感染の闇と真実に迫り、人体の進化史の新説も展開。

978-4-334-04438-1

1030
運気を磨く
心を浄化する三つの技法
田坂広志

あなたは、自分が「強運」であることに気がついているか／なぜ、志や使命感を持つ人は「良い運気」を引き寄せるのか——最先端量子科学が解き明かす「運気」の本質。

978-4-334-04439-8

1031
あなたのメールは、なぜ相手を怒らせるのか？
仕事ができる人の文章術
中川路亜紀

何かをお願いするとき、逆に何かを断るとき、あるいはお詫びするとき、できるだけ「短くて気持ちのいいメール」を書くにはどうすればいいのか。その秘訣と文例を大公開する。

978-4-334-04440-4

1032
なぜ「つい買ってしまう」のか？
「人を動かす隠れた心理」の見つけ方
松本健太郎

どの商品・サービスも「大体同じ」な今の時代に、人々が心の底から「欲しい」と思うものをどうすれば作れるのか？　気鋭のマーケターが「インサイト」に基づくアイデア開発を伝授。

978-4-334-04441-1

1033
外国人〝依存〟ニッポン
データでよみとく
NHK取材班

新宿区、新成人の2人に1人が外国人——。外国人の労働力、消費力に〝依存〟する日本社会の実態を豊富なデータと全国各地での取材を基に明らかにする。

978-4-334-04432-9